教師のための教育学シリーズ **12**

教師のための教育学シリーズ編集委員会 監修

教育実習論

櫻井眞治・矢嶋昭雄・宮内卓也

編著

EDUCATIONAL STUDIES FOR TEACHERS SERIES

学文社

執　筆　者

佐々木幸寿　東京学芸大学理事・副学長 ……………………………序章，第8章第1節

*宮内　卓也　東京学芸大学次世代教育研究センター教授

　　　　　　………第1章第1,3節，第2章第1節，第4章第3節，第8章第4節，

　　　　　　第9章第1,2節，第10章第2,3節

*矢嶋　昭雄　東京学芸大学教職大学院教授

　　　　　　…………………………第1章第2節，第4章第1節，第10章第1節

*櫻井　眞治　東京学芸大学次世代教育研究センター教授

　　　　　　…………第1章第3節，第4章第2節，第5章，第8章第2,3節

鈴木　　聡　東京学芸大学大学院教育学研究科教授 …………………第2章第2節

荒井　正剛　東京学芸大学人文社会科学系特任教授 ………………第2章第3節

西村　圭一　東京学芸大学大学院教育学研究科教授 …………………第2章第4節

太田　伸也　東京学芸大学名誉教授 ……………………………………第2章第4節

成田慎之介　東京学芸大学大学院教育学研究科准教授 ………………第2章第4節

増田謙太郎　東京学芸大学教職大学院准教授 …………………第3章，第11章

鈴木　　岳　江戸川区立東葛西小学校教諭 ……………………………… コラム

和田　敏郎　江戸川区立本一色小学校校長 ……………………………第6章第1節

鷲尾　　仁　八王子市立川口中学校校長 ………………………………第6章第2節

大野　　弘　東京学芸大学教育学部教授・附属高等学校校長 …………第6章第3節

齊藤　和貴　京都女子大学発達教育学部准教授 ………………………第7章第1節

長澤　仁志　東久留米市立第一小学校教諭 ……………………………第7章第2節

山口　晃弘　元品川区立八潮学園校長 …………………………………第7章第3節

大森　美湖　東京学芸大学保健管理センター准教授 …………………第9章第3節

仲村　千春　中野区立美鳩小学校 ………………………………………… コラム

蜂谷　大輔　台東区立忍岡小学校 ………………………………………… コラム

（執筆順，*は編者）

まえがき

　「子どもの『わかった！』という輝く笑顔に出会い，教職に進もうと決意した」，「学校に求められていることの多さを実感したので，学校や教職員を支援する立場として教育に関わりたいと考えた」，教育実習を終えた学生の声である。教育実習は，自分自身の教職への適性や進路について考える場である。

　「教職に就くことは考えていないが，ぜひ教育実習を経験したい」という読者もいることだろう。学校現場の多忙さを考えると軽い気持ちで教育実習に参加することは避けてほしいが，社会人としての責任を意識して子どもたちの前に立つ経験は，どんな仕事に就くうえでも大きく役立つことは言うまでもない。

　このように教育実習は，単に「教員免許を取得するための一科目」ではなく，多くの意味や意義を含むものである。

　本書は，教育実習に参加する学生，実習校・園の子どもたちと教職員，そして実習生を送り出す大学教員のそれぞれにとって，教育実習がよりよい場になることを願って編まれたものである。大学における事前指導，実習校・園での指導だけでなく，実習生の成長，実習生のサポート体制にも触れ，教職大学院の教育実習についても著している。執筆者は，大学教員，実習校・園の管理職・教員であり，コラムとして盛りこんだ"現職教員による自身の教育実習経験の振り返り"も含めて，さまざまな立場から教育実習を論じることを意図した。

　コロナ禍にあって，教育実習も他の教育活動と同じように大きな影響を受けている。実習生を送り出す大学としても，実習生を受け入れる学校・園としても，実習を行う学生としても，いろいろな活動が制限され，感染拡大に対する不安を常に抱えている状況である。

　このような状況下であっても，子どもの成長に関わる仕事は，さまざまな

工夫を重ねながら日々進められている。その中で，よりよい教育実習を求めてそれぞれが真摯に活動することが，子どもたちや学校・園に活力を与えることにつながるのではないかと考えている。そして，多くの学生が，人を育てる仕事にやりがいを感じ，教職の道へと歩を進めてくれることを心より願っている。

　本書が，教育実習に関わるさまざまな立場の方の一助となれば幸いである。お気づきのことがあれば，ぜひ御批正をいただきたい。

　学文社編集部の落合絵理さんには，本書の企画段階から多大なる支援をいただいた。この場を借りて感謝したい。

2022 年 2 月

第 12 巻編者　櫻井眞治・矢嶋昭雄・宮内卓也

目　次

教育実習とは

---● **本章のねらい** ●---

　教育実習とは何かということについて，理論と実践の往還，体験・経験の意味，教師を取り巻く環境の変化などの視点から考察を深めるとともに，教員免許制度の下で行われる教育実習の目的・意義，考え方，課題等について理解を深める。

第1節　教職の意義と教員養成

1. 教員養成における「理論と実践の往還」

　日本における戦後の教員養成は，「大学における教員養成」（幅広い視野と高度の専門的知識・技能を備えた多様な人材を広く教育界に供給するため，教員養成を大学で行うこと）と「開放制の教員養成」（国公私立のいずれの大学でも，教員免許状取得に必要な科目を開設することで，制度上等しく教員養成に携わることができること）の二つの原則に基づいてスタートし，学校教育の普及・充実，教育を通じた社会の発展に大きな貢献をしてきた。その一方で，現在の教師教育，特に，教員養成段階における中心的な課題は，学校現場における実践的指導力の育成を支える「理論と実践の往還」の問題である。「理論と実践の往還」とは，経験と勘に基づいた実践を理論によって省察し，学ん

1

だ理論を実践によって確認するプロセスを意味するだけでなく，これを通じて教師自身が実践的知識の構成主体となっていくことを意味している。

　「理論と実践の往還」は，「大学における教員養成」「開放制による教員養成」という原理の下では，端的には，教員養成カリキュラムの中に「学校などの教育実践の現場における体験・経験」（例えば，教育実習）をどのように組み込むのかという具体的な課題として提起されることになる。この問題を追究するためには，社会における学校教育の役割とは何か，教師教育の在り方とはどうあればよいか，大学における教員養成の在り方とはどうあればよいかという広い視野から，大学カリキュラムにおける教職課程，教育実習の在り方を問うことが求められる。

2. 教員養成における「教育実践の現場における体験・経験」の意義

　大学における教員養成においては「理論と実践の往還」が中心的テーマとして認識されている。授業等で学んだ教育内容や指導法に関する知識・理論等を学校現場で求められる実践的指導力の育成に結びつけるうえで，重要な役割を果たすのが，「教育実践の現場における体験・経験」（広義の実習）とされている。このカテゴリーに属するものは多岐にわたる。地域における子どもとのふれあいなどの社会体験活動，学校での学習指導や部活動支援などのボランティア活動，学校訪問や授業見学など教育活動の参観，学校の教育活動として行われる体験活動や地域活動への参加，そして，大学等で開設される「教育実習」（狭義の実習）があげられる。さらに，「教育実習」には，「免許状取得のための教育実習」（教員となるために必要最低限の基礎的・基盤的な学習としての学校における実習）だけでなく，選択科目として行われる拡張的，選択的教育実習も含まれる。ここで確認しておきたいのは，いわゆる「教育実習」とは，学校などの教育実践の現場における体験・経験という広い枠組み，多様な形態の一つに位置づけられるものであるということである。

　教育実習は，大まかに「教師として最低限必要とされる職務遂行能力を獲得するための職能訓練としての教育実習」という視点と，「大学で学んだ知識や理論を実践を通して検証，深化させるという実践研究としての教育実習」

という視点で認識される。前者は，教員養成における普遍的な見方であるが，後者は，戦後の「大学における教員養成」という観点から特に強調されてきた視点である。具体的には，①大学で学んだ教育理論→②実地研究を通しての主体的再構成→③教育現場への適用・実証→④研究課題の発見・深化→⑤新たな教育理論を探究する意欲の刺激，というプロセスとして理解される（藤枝 2001: 142-145）。

第2節　教師を取り巻く環境の変化と教育実習

1.「大学における教員養成」の改善―教職科目の充実と量的拡大―

　「大学における教員養成」「開放制による教員養成」の原理は，法制度としては開放制教員免許制度として具体化され，展開されてきた。現在，教員となるためには課程認定を受けた大学等において所定の単位を修得し，担当する校種や教科等に相当する教員免許状を取得することが求められている。1949（昭和24）年に制定された教育職員免許法は，教育職員として求められる資質・能力をめぐる議論を経て幾度となく改正され，科目基準の引き上げや新しい科目の導入等が行われてきた。

　1988（昭和63）年には，同法制定以来最大の改正が行われた。①免許状の種類の「専修」「一種」「二種」という三本立てへの改善，②免許基準の引き上げ（教育実習は小学校4単位から5単位へ，中・高は2単位から3単位に引き上げ）等を内容としていた[1]。1998（平成10）年の改正は，①教職科目のバランス，②科目の新設等（教職の意義に関する科目や総合演習の新設，外国語コミュニケーション・情報機器の操作の必修化），③教育実習単位の引き上げ（中学校の教育実習を3単位から5単位に引き上げ）等を内容としていた。この時期における免許法改正は，「大学における教員養成」という枠組みを前提として，教職科目の充実を図り，量的な拡大を指向するものであったといえる[2]。

2.「学び続ける教師」「地域における教員育成」へのシフト

　中央教育審議会答申「これからの学校教育を担う教員の資質能力の向上について～学び合い，高め合う教員育成コミュニティの構築に向けて～」（平成27年12月21日）は，教師が，激しく変化する社会の中で，探究力をもち，学び続ける存在であること（学び続ける教師像の確立）[3]，教員の養成・採用・研修の各段階において大学等と教育委員会が連携を進めること（養成・採用・研修の一体化）を提言している。大学と教育委員会の両者が，本当の意味で連携・協力しつつ，教師のキャリアステージに応じた学びや成長を支えていくために，養成・採用・研修の各段階を通じて，養成・研修を計画実施する際に基軸となる「教員育成指標」を協働して作成するなど教師の成長を支える連携の基盤となる仕組みの構築を提言した。「教員育成指標」とは，いわば，大学，教育委員会等の共通の目標であり，キャリアの段階ごとに達成すべき教職の専門性の基準を明示することで，学び続ける教師を連携して育成しようとするものである。この動きを受けて，2016（平成28）年に教育公務員特例法が改正され，公立学校の任命権者に対して教員育成指標の策定（同法22条の3），教員育成協議会の組織（同法22条の5）を義務づけた。これによって，教員養成も「学び続ける教師像」（縦の接続），「地域における教員育成」（横の接続）という考え方の下で展開されることとなる。しかし，これは，「大学における教員養成」の相対化を意味するものではなく，大学と教育委員会がそれぞれの固有の役割と責任を果たすことを明確にしたうえで，より実質的，効果的な連携を進めることを意図するものであるといえる。

第3節　教育実習の目的と意義

1. 教育実習の名称と法的な位置づけ

　現在の教育実習に相当するものは，創設期の師範学校においては，「実地授業」等の名称で行われていた。1907（明治40）年の「師範学校規程」に「教育実習」の名称が登場し，以後「教育実習」の名称が定着して今日に至っている。

```
                    ┌─ 教育実習（5単位）
教育実践に関する科目 ┤
                    └─ 教職実践演習（2単位）
```

図序 0.1　別表 1（小学校教諭普通免許状）第五欄の構成

　現在，教職科目として実施されている「教育実習」は，教育職員免許法施行規則において，第 2 条〜第 5 条の表中の第五欄に「教育実践に関する科目」として位置づけられている。「教育実践に関する科目」は，「教育実習」と「教職実践演習」で構成されている。「教育実習」とは，各学校で行われる体験的な実習のことであり，原則として取得しようとする免許状の校種かその隣接校種で行う必要がある。なお，「教育実習」の単位数は，一種免許状（普通免許状）については，幼稚園 5 単位，小学校 5 単位，中学校 5 単位，高校 3 単位などとなっており，その一方，「教職実践演習」はいずれも 2 単位となっている。これらは法定の最低単位であり，大学によってはこれ以上の単位を設定している場合もある。「教職実践演習」は，教職課程内外のさまざまな活動を通じて，学生が身につけた資質・能力が，教員として最小限必要な資質・能力として有機的に統合され，形成されたかについて，最終的に確認する科目である。4 年次に実施され，入学の段階からそれぞれの学生の学習内容の理解度や成果等を把握したうえで，実技指導，グループ討論などの形態で実施され，授業，補完指導，試験の結果等を踏まえ，教員として最小限必要な資質・能力が身についているかを確認し，単位認定が行われる [4]。いわば，全学年を通じた「学びの軌跡の集大成」といえる。

2. 教育実習の目的

　教育実習の目的について，教育職員養成審議会　教育実習に関する専門部会『教育実習の改善充実について（報告）』1978（昭和 53）年は，次の 4 つをあげている。

　① 学校教育の実際について，体験的，総合的な認識を得させること。

　② 大学において修得した教科や教職に関する専門的知識や理論，技術を

児童，生徒等の成長発達の促進に適用する実践的能力の基礎を形成すること。

③ 教育実践に関する問題解決や創意工夫に必要な研究的態度と能力の基礎を形成すること。

④ 教育者としての愛情と使命感を深め，自己の教員としての能力や適性について自覚を得させること。

これらの教育実習の目的は，教育実習の長い歴史の中で，共通化されてきたものである。ここで示された目的は，教育実習の総合的な側面を示しているといえるが，換言すれば，総花的に記述されているともいえる。現実には，教育実習は，短期的に，集中して行われるため，限られた条件のもとで，教科指導や学級経営を中心に限定的に行われているとの指摘もある。

各大学においては，これらの目的を具体的にどのように達成するのか，目的や場面の実際に即して，観察（Observation）・参加（Participation）・実習（Practice Teaching）という視点から重みづけや焦点化させていくことが求められる。観察・参加・実習の概念は，教育実習の形態を意味するだけでなく，活動の順序性，局面，深まりの構成を考えるうえで，参考となる視点を提供している（教師教育研究会 1954）。

3. 教育実習についての考え方

教育実習とは何か。この問いに対する答えは，学生によって，大学教員によって，教師にとってさまざまだ。現職教師が自分自身の学生時代の教育実習経験を振り返ってどのように捉えているのかについて質問した聞き取り調査によれば，単なる通過儀礼として捉える者，自己自身を発見する重要な機会として認識する者，指導案・実際の授業など授業実践の場として捉えた者，教職の価値や教師としての生き方を開眼させる機会として捉えた者，実践を反省し，より良い授業や指導法の探究の過程として捉える者など，多様なイメージで捉えられている（藤枝 2001: 106-111）。

藤枝静正は，これらの知見を基にして，教育実習について，5つの理念類型を提起している。①「免許要件的教育実習観」（免許状取得上の資格要件の

充足を目的し，多くの場合学生にとって教育実習は単なる通過儀礼として認識される），②「体験学習的教育実習観」（学校現場での直接的な体験，教職の総合的な理解を目的とし，実習生の関心・意欲・目的意識に依存している），③「実地練習的教育実習観」（教師としての実践指導力の実際的な総合訓練を目的とし，教職への具体的・直接的準備を狙いとする実践的養成が強調される），④「精神形成的教育実習観」（教職の使命の自覚や教師としてのアイデンティティ形成を目的とし，教育者精神の形成が重視される），⑤「実践研究的教育実習観」（専門職としての実践的指導と研究的態度の育成を目的とし，理論と実践の相互性への着目を重視する）（藤枝　2001: 112-120）。

　「教育実習」は，このような多様なイメージや実習観のもとに展開されている。免許法のもとで，課程認定制度は「教育実習」を形式的に完結したカリキュラムとして設定しているが，現実には，関係者はそれぞれの教育実習に対するイメージを有しており，これらの多様な教育実習に対する考え方をどのように調整するのかということが生きた教育実習を進めるうえで，重要な視点となっている。

4.　教育実習の抱える課題─責任主体と実施主体の連携・協力体制の構築─

　現行の教育実習は，制度的にも，現実にも，さまざまな課題を抱えている。実習校への無責任な一任，大学教員の教育実習に関する指導能力の不足，教育実習の評価の問題，実習校の過度な負担の問題，学士課程と教育実習のカリキュラム上の調整の問題，事前・事後指導と実習の連携の問題，教科指導に偏った実習内容の問題，実習生の意識の格差の問題などが指摘されている。

　これらの原因は多様で，複合的であるが，大きな原因の一つが，教育実習の責任主体（大学）と実施主体（実習校）が分離されているということである。それぞれが独立した組織である大学と実習校の連携・協力体制の構築は容易ではない。未来の教師を育成するという共通の目標を共有し，相互の信頼関係と組織的な協力関係を構築することは，生きた教育実習を展開するうえで，重要な前提であるといえる。

［佐々木　幸寿］

—————————————————————————— **Topics**

　　　　　　「小学校及び中学校の教諭の普通免許状授与に係
る教育職員免許法の特例等に関する法律」（平成9年法律第90号）に基づき，
特別支援学校や社会福祉施設（老人福祉施設，障害者支援施設等）において，
7日間，障害者，高齢者等に対する介護，介助，これらの者との交流等の体
験を行うことが，小学校・中学校教諭の普通免許状の授与の要件となっている。
　小学校，中学校等の免許状取得を希望するものは，介護等体験は必須とな
っている。免許状の申請にあっては，体験実施施設から発行される証明書類
を都道府県教育委員会へ提出する必要がある。

● **考えてみよう！**

▶　教育実習には，どのようなことが期待されているのか，目的と活動局面
　を結びつけて考えてみよう。
▶　自分の教育実習観を理念類型を参考として確認してみよう。

● **注**
1）当初，免許状の種別と給与をリンクさせ，教員の階層化が意図されていたが，
　結果として見送られている。
2）2007（平成19）年の改正では，「教職実践演習」が必修化，免許更新講習が制
　度化される一方で，教職科目の修得単位数は変更されなかった。
3）中央教育審議会「教職生活の全体を通じた教員の資質能力の総合的な向上方
　策について」（平成24年8月）等において言及されている。
4）「教育職員免許法施行規則第2条第1項の表備考第10号」では，「教職実践演
　習は，当該演習を履修する者の教科及び教職に関する科目（教職実践演習を除
　く。）の履修状況を踏まえ，教員として必要な知識技能を修得したことを確認す
　るものとする。」とされている。「教職実践演習の実施にあたっての留意事項」（平
　成20年10月24日課程認定委員会決定）参照。

● **引用・参考文献**
教育職員養成審議会（1995）『新たな時代に向けた教員養成の改善方策について（第

１次答申)』

教育職員養成審議会　教育実習に関する専門部会 (1978)『教育実習の改善充実について (報告)』

教師教育研究会 (1954)『観察・参加・実習―新しい教職経験課程―』

国立教員養成大学・学部, 大学院, 附属学校の改革に関する有識者会議報告書『教員需要の減少期における教員養成・研修機能の強化に向けて―国立教員養成大学・学部, 大学院, 附属学校の改革に関する有識者会議報告書―』(平成 29 年 8 月 29 日)

佐々木幸寿 (2020)「教師教育の高度化と地域教育課題『学校教育研究』第 35 号, 179-184 頁及び佐々木幸寿「持続可能なシステムとしての教師教育の高度化―免許上進制, ラーニングポイント制をめぐる制度設計科学的提言の試み―」『日本学校教育学会年報』第 2 号

中央教育審議会 (2006)「今後の教員養成・免許制度の在り方について (答申)」(平成 18 年 7 月 11 日)

中央教育審議会 (2015)「これからの学校教育を担う教員の資質能力の向上について～学び合い, 高め合う教員育成コミュニティの構築に向けて～ (答申)」(平成 27 年 12 月 21 日)

日本教育大学協会第三部会 (1952)『教育実習の手引』

日本教育大学協会第三部会 (1972)『教育実習の研究』(1983 年一部改訂)

藤枝静正 (2001)『教育実習学の基礎理論研究』風間書房

村山貞雄 (1952)『教育実習学』峯文閣

文部科学省 (2008)「教職実践演習の実施に当たっての留意事項」(「平成 20 年 10 月 24 日　課程認定委員会決定」参照

文部省 (1969)『教員養成のための教育実習のあり方について』

吉田辰雄・大森正編著 (2000)『介護等体験・教育実習の研究』文化書房博文社

第1部

理論および事前学習

第1章

教育実習の全体像

● 本章のねらい ●

　教育実習の概要を理解し，教育実習にはどのような学びがあり，どのようなステップでその学びが深まっていくのかを考える。

第1節　教育実習の概要

1. 教育実習の目的と目標

　序章で述べているように，「大学で学んだ知識や理論について，実践を通して検証，深化させるという実践研究としての教育実習」という視点は，戦後の「大学における教員養成」という視点から特に強調されてきた視点である。この視点に注目すると，例えば，教育実習の目的について，以下のように示すことができる。

〈教育実習の目的〉
　学校教育の実際を教育現場で体験することによって，主体的な研究心を保持しつつ，大学における教育についての理論的・技術的な学習成果の適用と検討を行い，その深化をはかることを目的とする。

　大学で学んだ理論がそのまま学校現場に適用できるわけではない。各現場

の実態は多様であり，それらを踏まえた実践が求められるからである。一方，優れた実践は，そのままでは特定の教員の「職人芸」で終わってしまう。優れた実践を分析し，体系化することで，多くの教員が理論として共有し，優れた実践の裾野をさらに広げることができる。理論的・技術的な学習成果の適用と検討を繰り返し，学習成果を積み上げていく営みが求められており，これは教員になってからも継続すべき姿勢であろう。

　こうした目的を踏まえると，教育実習の目標は，例えば以下のように設定することが考えられる。

〈教育実習の目標〉
① 教育に対する心構え，生徒理解と愛情
② 課題意識と解決への洞察力，今後の研究方向の明確化
③ 教職と自己に対する認識，自覚，資質・能力形成のための計画

---

　①については，指導者として主体的に関わることで，教育に対する心構えが明確となる。また，実際に生徒に向き合うことで，生徒を理解することや愛情を持って接することの大切さに気づくようになる。

　②については，教育実習では，まずは授業をつくることが主な課題となるが，その課題を解決していくプロセスを通して実践的な指導に関わるさまざまな資質・能力の育成がはかられ，その後の研究方向も明確化されていく。

　③については，教職と自己に対して，客観的な認識を深めることが重要である。自分の強みを知ることは教職をめざすモチベーションにもつながる。同時に，足りない点を知り，その後の課題を認識することも重要である。「教職を目指してもよいのだろうか」という厳しい問いに遭遇することもありえるが，真摯に向き合うことが，専門的な職業人として自立することにつながる。

　複数の教育実習が設定されている場合，できれば，大学と現場との往還を繰り返し，より高みを目指したい。教育実習が1回であっても，現場では支援員等の人材を求めているところもある。チャンスがあれば，機会を捉えて，学校現場に身を置いてみるのもよい。

2. 学生の立場と教員の立場

　教育実習は,「教師として最低限必要とされる職務遂行能力を獲得するための職務訓練としての教育実習」という普遍的な視点を有しており, 実習生は学生の立場と教員の立場をあわせもった状況に置かれることになる。そこで, 学生と教員とではどのような点が異なるのか, ここで考えてみたい。以下の表に示した視点はその一例である。

　学生の本分は勉学であり, 主に自身の成長をめざすが, 教員は社会貢献が求められる。学生は授業の対価として授業料を支払うが, 教員は仕事の対価として給料をもらう。つまりプロフェッショナルである。学生の責任は個人的な範囲で負えるものが多く, 親の庇護のもとにあるものが多いが, 教員は組織の一員として社会に対して責任を負う。言葉遣いについては, 学生は同世代が中心で, スラングを多用しても大きな問題とはならないが, 教員はTPOにあわせた節度のある言動が求められる。勉学の成績は比較的に数値化が容易だが, 教員の仕事はその成果の数値化が難しく, 評価の物差しも多様である。学生は自由に時間が使えるのに対して, 教員は拘束時間が長く, 時間を守ることが強く求められる。学生は同世代中心の人間関係であるのに対して, 教員は上司, 同僚, 児童・生徒, 保護者, 地域, 行政等, 多様なかかわりの中で, それぞれの関係性に応じた対応が求められる。

　教育実習は大学の教育課程の一環として行われるが, 教育実習生は学校現場に出て, 実際に児童・生徒とかかわっていくので, 教育上,「勤務」とい

表1.1　学生と教員（社会人）の差異

	学　　生	教　　員（社会人）
本　　分	学業（主として自身の成長）	社会貢献
経　　済	授業料を支払う	給料を得る（自立）
責　　任	個人・親	組織の一員として社会に対して
言　　動	比較的に自由	TPOに合わせて
評　　価	テスト等の点数	仕事の成果（数値化が困難）
時　　間	比較的に自由	時間厳守・10分前行動
人間関係	同世代中心	異世代とのかかわり

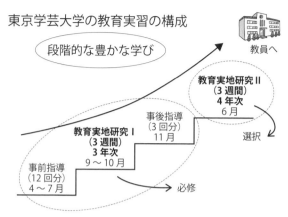

図1.1　教育実習の構成（例：教員養成大学の場合）

う言葉を使用することが多い。学生であるとともに教員（社会人）でもある
ことの自覚が求められており，学生と教員の中間的な性質を有している。

3. 教育実習の構成

　図1.1は，東京学芸大学の教育実習の構成の例を示したものである。この
事例では，3年次に必修として「事前指導」「教育実地研究Ⅰ」「事後指導」
を履修する。これによって，教員免許取得に必要な教育実習の単位を取得す
ることができる。さらに，教職に就くことを希望する学生については，選択
科目である「教育実地研究Ⅱ」の受講が強くすすめられている。

　大学によっては，教員免許取得に必要な教育実習を2期に分散して行う事
例や，授業観察と演習を取り入れた選択科目を設定している事例もある。学
生は教育実習に関わるカリキュラムの構成を理解し，先を見通しながら，そ
れぞれの教育実習の意義を確認しておきたい。

4. 勤務の側面と実践研究の側面

　教育実習には「勤務」の側面と，「実践研究」の側面がある。実習生とは
いえ，教員としての職務を行うので，教育実習は「勤務」である。学生が勤

務であるという自覚をもつことが大切である。

　一方，教育実習は「実践研究」の側面がある。大学では理論を中心に学ん
できたが，教育実習では学校現場で実践的な研究をすすめ，成果や課題を得
ることが求められる。PDCA（計画・実行・評価・改善）サイクルを意識し，
実践的な研究に取り組む。学習指導案の作成，作成した学習指導案をもとに
した授業実践と授業観察，授業記録をもとにした分析，学習指導案の改善な
どは，いずれも実践研究として大切なプロセスである。

［宮内　卓也］

第2節　教育実習のステップ
──教育実習期間中の取り組み方：観察－参加－実習・実践

　すでに述べたように，教員免許取得にあたって実施する教育実習は，幼稚
園，小学校，中学校においては5単位，高等学校においては3単位（いずれ
も「事前及び事後の指導」の1単位を含む）となっている。大学設置基準では，
実験，実習および実技については30～45時間をもって1単位とすることが
定められているため，1週間あたりの実習時間…8（時間／日）×5（日）＝40（時
間）から，幼稚園，小学校，中学校については3～4週間，高校については2
週間を実習期間としている大学が多い（なお，中高の免許を同時に取得する場
合は，中学校，高校のどちらで実習を行ってもよいが，その場合は高校において
も3～4週間の実習を行うこととなる）。

　このように3～4週間にわたって学校現場で実習に取り組むことになるが，
実習生は初日からすべての校務を担当するわけではない。実習校の担当教員
の指導を受けながら，徐々に取り組みの度合いを深めていくことになる。具
体的には，「観察－参加－実習」のステップを踏む。なお，「実習」について
は教育実習全体を指す言葉との混同を避けるため「実践」を用いることも多
い。

1.　観察 (observation)

　この段階では，文字通り観察者として学校の教育活動に関わることになる。実習開始から概ね1週間程度を充てる場合が多いが，教員養成系大学・学部では，この段階だけを焦点化して，学部1，2年次に「観察実習」などと称して設定している場合もある (その場合でも，いわゆる「本実習」の際には，この段階からスタートする)。

　観察する対象は「授業」「教師」「児童・生徒」「施設や環境」など多岐にわたる。実習生にとっては，自身が数日後に授業等の指導を担当することを意識しながら，観点を明確にして観察することが重要となる。

　授業を観察する際に，教室の後方に立って漫然と授業を眺めているだけでは不十分であることは言うまでもない。授業者と学習者の両方の視点で授業内容と授業方法を捉えたり，教師と児童・生徒や，児童・生徒同士のやりとりに着目したりするなど観点を決めて観察することで，自身が担当する授業を構想するときに役立つ情報や知見を得ることができるのである。

　ここでは，観察した事柄について適切に記録をとることが求められる。まずは何を記録するかであるが，例えば実習校の教員の授業を観察する場面を想定すると，以下のような点に着目することが考えられる。

　・教師の発問や発言，行動，表情など
　・児童・生徒の発言，行動，表情，姿勢など
　・学習 (指導) 内容と方法
　・板書の内容や位置，色づかいなど
　・教室の施設や学習環境など

　これらを記録するにあたっては，手元に用意した用紙にボールペンや鉛筆などでメモしていくのが一般的であるが，カメラ等を使って記録をとることも考えられる。児童・生徒や教職員の個人情報の保護に留意することが前提となるが，実習校の許可を事前に得て，デジタルカメラやビデオカメラなどを使って写真や動画として記録するのである。写真や動画は機器さえあれば

比較的簡単に記録を残すことができるが，ともすると撮影すること自体が目的になってしまい，漫然と授業を眺めているのと変わらない状況に陥ることもあるので，注意が必要である。

　観察することで得た気づきを意識化・言語化し，自身の実践に向けて役立つ情報や知見を整理しておくために記録をとるのである。つまり，とった記録（プロダクト）が大切なのは言うまでもないが，観察しながら記録をとるという過程（プロセス）も重要となる。はじめは，なかなかうまく記録をとることができないが，実習生同士で記録を見せ合ったり，実習指導担当の教員からのアドバイスを受けたりすることで徐々に自分なりのやり方が身についてくるものである。観察記録を適切にとることは，実習期間を通して身につけたい力といえる。

　なお，最近ではスマートフォンやタブレットなどにペンで入力したり，適宜写真や音声，動画などを貼り付けたりして記録をとることもあるだろう。また，授業記録をとることを支援するアプリ（例えば，LessonNote（http://lessonnote.com/jp/）など）も開発されている。このようなものであれば記録を蓄積し，それらを整理・検索することもできるので，観察記録の活用法が広がる可能性もある。

2. 参加 (participation)

　この段階では，学校の教育活動に参加していくこととなる。参加には大きく分けて「学習者として参加」「指導者として参加」の2通りがある。これは実習生という立場だからこその区別であるが，この二つは厳然と分かれるものではなく，その双方の位置づけを併せ持つ場合も少なくない。

　前者は，児童・生徒と一緒に活動するものである。授業においてグループに加わって一緒に実験を行ったり，ペア活動の相手をしたり，清掃を一緒に行う場面などが想定される。児童・生徒と直接かかわることで，名前や顔を覚えたり，会話したりする機会となり，人間関係の構築や児童・生徒の理解へとつながっていく。

　後者は，教員の補助的な立場として，ティーム・ティーチングのT2を務

めたり，清掃の指示や指導を行ったりすることが想定される。それまで観察
してきた教員の様子を参考に，教員として児童・生徒とかかわっていくもの
である。教員としての働きかけに対する児童・生徒の反応に，どのように対
応したらよいかその場で考えることを通して，自身の実践に向けた意識を高
めていくことがポイントとなる。

　参加においては，リアルタイムに記録をとることは難しいが，休憩時間や
放課後などを利用して自身の活動を振り返り，気づいたことをメモしておく
ことが大切である。

3.　実習・実践（practice teaching/teaching practice）

　この段階では，いよいよ実習生が授業等を担当することとなる。概ね教育
実習期間の半ば頃から始まることが多い。それまでに，観察や参加で得た情
報や知見を生かしながら，教材研究を行い，学習指導案を作成するなど，実
習校教員の指導を受けて実践の準備を行う。準備においては，放課後に児童・
生徒のいない教室等を使って模擬授業を行うこともある。

　実習生は教育実習期間全体を通して，実習・実践を核として「PDCA
（Plan-Do-Check-Action）」や「構想－実施－省察」のサイクルを経験するこ
とになる。Plan や構想にあたる教材研究から学習指導案作成までは，教育
実習期間が始まるまでに大学の事前指導と平行して行うこともあるが，観察
や参加の段階で得た情報や実習校教員の指導をもとに，児童・生徒の実態を
踏まえたものにブラッシュアップしていくことが求められる。同時に，実際
の授業で使用する教材や教具を準備していくのである。

　Do や実施にあたる模擬授業や本番の授業では，授業後に具体的な事実に
基づいて振り返りができるように，実習校の許可を得たうえで，授業全体を
ビデオで撮影したり，板書を写真に撮っておいたり，児童・生徒のノートや
ワークシートなどを集めておいたりすることも有効である。

　Check や省察にあたるのは，授業後の振り返りや協議，実習校教員による
講評や指導である。授業で実際に起こったことをもとに，計画していたこと
との違いや，指導者（実習生）と学習者（児童・生徒）との意識のズレなどを

見いだすことが，次のサイクルの起点となるのである。

　このように実習・実践の段階は教育実習の主軸であり，実習生がサイクルを回しながら螺旋状に成長していくための手立てとなっている。

［矢嶋　昭雄］

第3節　教材研究と学習指導案

1. 学習指導要領と教科書

　学習指導要領は文部科学大臣が作成する教育課程の大綱的基準であり，その内容の範囲や程度等を示す事項は，すべての児童・生徒に対して指導する内容の範囲や程度等を示したものであるとされている。教材研究と学習指導を進めていくうえで，学習指導要領の教科の目標と内容について，各教科，系統性や関連性を踏まえて理解しておく必要がある。

　学生は担当する単元が決まると，ついつい狭い範囲で学習指導要領を参照しがちだが，まずは広く全体像を理解し，そのうえで系統性や関連性を意識しながら，担当する単元に関連する箇所に注目できるとよい。教育実習が公教育の場で行われることを考えれば，学習指導要領の法令上の位置づけや基準としての性格を意識し，教材研究と学習指導に真摯に取り組む必要がある。もちろん，指導者の裁量はある範囲では認められるが，独りよがりにならないように注意したい。

　学校現場で使用されている教科書はいずれも学習指導要領に基づく教科書検定を経ており，学習指導要領の目標と内容を具体化したものである。一般的には教科書は教科ごとに複数の出版社から出版されており，地域または学校によって使用する教科書を採択している。したがって，生徒の目に触れる教科書は一般的には教科ごとに一種類であるが，教材研究を行う実習生の立場では，できれば複数の教科書に触れることを通して研究を深めたい。学習指導要領はあくまでも大綱的な基準なので，出版社それぞれの記述を比べてみると，細部で扱われている教材，内容の展開が異なる場合が多く，参考になる。しばしば，「教科書で教える」のか，「教科書を教える」のかという点

が議論になることがあるが，教師が主体的に授業に関わる重要性を考えれば，「教科書で教える」を目指したいものである。「教科書」という言葉は，「型どおりで融通が利かない」という文脈で使用されることもあるが，必ずしも教科書を正しく捉えた姿ではない。教科書の背景にあるさまざまな意図を行間から読み取っていくことが大切であり，教師にとっても，教科書は指導を進めていくにあたっての重要な手がかりである。

2. 教材研究

　教材は，狭義では教育用図書や教具を指す場合もあるが，ここでは広く，教育課程を構成する内容的な素材全般を指すものと考えることにする。

　教材研究を行うにあたっては，すぐに具体的な素材集めに走ったり，受験参考書の紙面を参考に教材研究を進めてしまったりする事例を目にすることがあるが，まず，学習指導要領を踏まえて，何のために何を教えるのか，その内容を明確にし，関連する分野についての専門的な知見を集め，理解を深めておく必要がある。そのためには，教科書をただ読み込むだけでなく，関連する専門的な書籍や文献に手を伸ばすことも求められる。教育実習生は少し余裕を持って担当する単元を知らされることが多いが，その背景には，担当する教科等の専門的な知識をしっかりと身につけながら教材研究を深めてもらいたいという期待がある。そのうえで，多くの素材を教材として活用していくことを検討したい。多くの素材を集めても，実際にすべてのものが教材になるわけではない。しかし，集めた素材の裾野が広ければ広いほど，活用する教材の質は高いものになる。そのように考えると，教材研究には終わりはないが，限られた時間の中で，できる限りの工夫をしてみたい。

　教材研究で参照するものは，学習指導要領，教科書，教師用指導書（教科書会社が教科書を指導するための解説用に発刊しているもの），さまざまな文献，書籍，Web上の情報等，多岐に渡るが，集めた情報については出所を明らかにしておき，実験・実習を伴うものについては，実際に再現性があるかどうかを自ら確認しておくことも重要である。

3. 授業づくりと学習指導案の作成

　教材研究の段階で，授業の大きな構想はある程度描かれているものと考えられるが，学習指導案の作成を通して，教材研究の成果を具体的に授業プランとして落とし込むことになる。学習指導案の作成は授業者の思考を整理し，よりよい学習指導案として練り上げるために有効であり，参観者にとっては，授業者の意図と授業の展開を共有したり，事後に授業を省察する際の重要な手掛かりになる。

　学習指導案を書き進めようとすると，学習活動を詰め込み過ぎていたり，活動が具体性を欠いていたり，何のために活動を行うかが曖昧になっている等の問題に気づくことが多い。そうしたときは，もう一度学習目標に立ち返り，授業プランを練り直さなければならない。学習指導案を書くということは，授業プランそのものを修正し，練り上げていく作業でもある。

　自治体，教育実習校によって，学習指導案にはさまざまな形式が見られるので，教育実習生は実習校で示された形式に従って学習指導案を作成することになる場合がある。

　ここでは，学習指導案の構成要素と留意点について，みていこう。**表 1.2** や，第7章の学習指導案の例を見ながら学んでみてほしい。また，第2章の第3節，第4節でも教科に沿った学習指導案作成のポイントが語られているので，さらに学びを深めてほしい。

　以下に学習指導案に備えるべきものをあげる。教育実習生には，教育実習校の指導にあわせて，その項目や順序等を再構成し，授業に役立つものをつくっていってほしい。形式が異なっても，本質的に大切なことは変わらない。

(1) 日時，学校名，学年学級名 (児童・生徒数)，授業者名，指導教員名

　この授業は，この児童・生徒と「1回だけ」のものである。そのような意味もあり，授業の日時，学校名，学級名および人数，授業者名 (教育実習の場合は指導教員名も)，場合によっては，教室の場所 (「理科室」や「音楽室」など) を書くことが多い。また，授業者名の横に捺印する。これは，「この授業を，この学習指導案の計画で，私が責任をもって指導に当たります」という宣言である。

(2) 単元名，題材，主題

学習指導案の見出しにあたるところだが，これについてはいろいろな書き方があり，定まったものはない。学習指導要領や教科書などの単元名を示しているもの，授業で取り上げる作品名，制作物，競技名などの題材を示しているもの，授業を通して提案しようとしている主題を示しているものなどがある。

(3) 単元について（児童・生徒観，教材観，指導観など）

単元について具体的に書く項目である。児童・生徒観，教材観，指導観などのように，分けて書くことも多い。

児童観・生徒観を記述するねらいは児童・生徒の実態の把握することである。今回の授業実践にあたって，児童・生徒のそれまでの生活経験，学習経験，単元・題材に関する興味・関心，理解度や習熟度，成長と課題，日頃の学習状況等を伝えられるとよい。日頃の児童・生徒の実態把握が十分ではない教育実習生にとっては記述に苦労するところではあるが，オリエンテーションや教育実習期間の初期に授業観察等を行い，実態把握の機会を設けておけるとよい。

教材観を記述するねらいは，上記の児童・生徒に，今回取り上げる教材は，その成長にどのように関わるのか，そのためにどのような抵抗があり，乗り越える必要のあるところはどこであるかを明らかにすることである。単元やその中で扱う題材の概要を説明するとともに，単元・題材に対する指導者の考えを示しながら，その価値や意義，予想される課題，期待される効果などを主張できるとよい。

指導観を記述するねらいは，指導の手立てを明らかにすることである。上記の児童・生徒を対象に，上記のような教材を用いて，どのような指導を行えば，児童・生徒の成長を図ることができるのかという点が重要である。単元目標を念頭におき，児童・生徒の実態を踏まえ，どのような点に重点を置いて指導を行ったらよいか，そのための具体的な手立てを主張できるとよい。

(4) 学習指導要領との関連

　今回の学習が，学習指導要領の内容とどのように関わっているのかを述べる。

(5) 単元の目標，評価規準

　(3) から (4) を念頭に，児童・生徒に単元を通して期待したい姿（どのような資質・能力を身につけさせたいか）を具体的に記述する。その際，育成すべき資質・能力として，「知識・技能」「思考・判断・表現」「主体的に学習に取り組む態度」の3本の柱に整理し，何かできるようになるかを具体的に示すことができるとよい。

(6) 単元の指導計画

　単元の入口から出口まで，児童・生徒がどのように学び，どのような過程を経て，着地点に至るのか。1時間1時間のねらい，児童・生徒に期待したい反応，教師の指導上の留意点等を明確にして，ストーリーを描く。単元内の本時の位置も明示する。

(7) 本時案

　研究授業の場合，本時案は単位時間の授業の展開を具体的に示すものであり，参観者が参観中に特に参照する部分である。

　本時の指導は本時の位置を示すもので，本時が単元の全時数のうち，何時間目にあたるのかを示す。

　本時のねらいは単元の目標と関連したものだが，単元目標をより具体化させたものとして示される。ただし，限られた時間内に育成できる資質・能力には限界がある。目標は焦点化して設定できるとよい。「○○の活動を通して，□□をする，□□ができるようにする。」のように，本時の授業において，児童・生徒が到達する姿を書くようにし，いつでも，どこでも当てはまるようなものではなく，「この時間だから」というねらいを考えて書く。

　本時の展開の書き方はいろいろな流儀があるが，多くの場合は学習活動，

指導上の留意点，評価（評価の観点と評価方法等）を時系列とともに表でまとめることが一般的である。

　学習活動というと，児童・生徒の活動を基本として記述されているものが多いが，授業者の役割がわかるような書きぶりが望ましい。児童・生徒が主体的に学習活動に取り組むことは望ましいことだが，そうした活動は授業者の支援や指導によって支えられている。授業者の発問，説明，助言，演示等は授業において重要な位置を占めており，それらを踏まえた授業研究が求められるからだ。

　指導上の留意点では，授業者の児童・生徒に対する具体的な指導の手立てを書いておくとよい。必ずしも授業者の意図通りに授業が展開するわけではないので，さまざまな可能性を踏まえた手立ても有効であろう。

　例えば，児童・生徒の学習活動中の机間指導は，生徒を見回るという意味から古くは机間巡視という言葉が使われることもあったが，実際にはもっと広い意義がある。児童・生徒の活動状況を把握して助言を行ったり，気づきを促したりするなど，指導の具体的な手立てとして機能しているからである。さらに，教具，教育機器の進化は日進月歩である。有効な活用方法についても検討しておきたい。

　本時の評価は本時の目標と対応する評価の観点を示す。いくつもではなく，絞って記す。本時で児童・生徒に期待する姿（発言や記述等）は，どのようなものであるか，それを何から観るのかを書く。評価の観点だけでなく，具体的な評価規準，評価基準，評価方法についても見通しを立てておきたい。本時の目標と評価の観点に離齬がある場合については，本時案の練り直しが必要であろう。

　本時の板書計画についてだが，板書のどこに，何を書くのか，どのように書くのかを具体的に考えておくことが大切である。学習問題は，児童・生徒の考えは，本時で強調したい言葉は，まとめは，というように，板書を計画することによって，授業展開や留意事項までが具体的に見えてくる。また，板書計画のスケッチからスタートして，本時の授業展開を構想することもできる。

　板書はできれば1時間で1枚の板書にまとめ，本時の全体像が見渡せるこ

とが望ましい。単元によっては板書事項が多くなってしまうことがあるが，板書計画を見直し，何を残して何を削るかを吟味することも，本時案を練り上げる機会となる。

(8) 本時案に添えて

　その他，スライドを用いる場合はスライドの資料，ワークシートを用いる場合はワークシートの資料を添付すれば，参観者は本時案の具体的な内容について，より深く共有することができる。

　研究授業であれば，授業観察の視点を書いておいてもよい。参観者に特に観察して欲しいポイントを学習指導案の中に示しておけば，その後の研究協議会ではより深い協議を期待することができる。場合によっては，参観者ごとに生徒の班を割り当て，それぞれの班の児童・生徒の発話記録を残してもらい，協議会やその後の省察に活用してもよい。

表1.2　学習指導案の例

小学校第1学年　国語科学習指導案

日時　○年○月○日（　）○校時
○○○小学校
第1学年○組　○名
授業者　　○○　○○
指導教員　○○　○○

単元名　○○小おはなしランドへようこそ─絵から想像して物語を書く─
単元構想
(1) 児童について（児童観）

　低学年は，物語が好きな児童が多い。読み聞かせを通して，いろいろな物語に触れ，自分でお話を書いてみたいという欲求が芽生える時期である。ただし，想像が膨らみ，物語のあらすじからずれてしまうこともある。

(2) 物語文について（教材観）

　低学年の段階で，物語を書くという学習を通して，想像したことを整理し順序よく書く力を育て，話の構成を意識した文章を書く経験ができる。この学習の経験は，「読むこと」における物語の文章の構成を意識することや，「話すこと・聞くこと」における順序よく話したり聞いたりする活動につながる。

(3) 指導について（指導観）

　本単元では，始めと終わりがセットになっている絵カードを選び，中の展開を想像し物語を書く。書いたものは，幼稚園児に読み聞かせをすることを計画している。指導にあたっては，次のことに留意する。①中の展開が想像できない児童には，中の展開のヒ

ントとなる絵カードを提示する。②会話を入れた文章を書くように働きかけることで，より想像がふくらみ，場面も工夫できるようにする。

学習指導要領との関連

　本単元の学習は，平成29年告示小学校学習指導要領国語科，第3章各学年の内容の第1節低学年の内容を受けて，設定した。その中でも，2〔思考力・判断力・表現力等〕の「B書くこと」の内容との関連を強く図っている。

単元の目標

・助詞の使い方を理解し，文章の中で使うことができる。
・絵から想像したことが読み手に伝わるように，簡単な構成を考え物語を書く。
・相手に伝えたいという思いや願いをもって進んで物語を書く。

学習活動に即した具体的な評価規準

知識・技能	思考・判断・表現	主体的に学習に取り組む態度
助詞の「は」「へ」及び「を」の使い方を理解し，文章の中で使っている。	①絵カードを選び，物語の設定を考えている。【題材の設定】 ②物語を書くための必要な事柄を集めている。【情報の収集】 ③事柄の順序に沿って構成を考えている。【構成の検討】　以下略	幼児が楽しめるような物語を作ろうという思いや願いをもって物語を書こうとしている。

本時の指導

　a．本時のねらい

　登場人物の会話を絵から想像し，会話を付箋紙に書く。

　b．本時の展開（導入部分）

時間	学習活動と予想される児童の反応	◇指導上の留意点 ☆評価（評価方法）
10分	1．前時の学習を振り返り，本時のめあてを確認する。	◇絵カードと会話文を提示し，学習への見通しをもてるようにする。登場人物によって付箋の色を変えることも伝える。
15分	［登場人物の会話を想像して書こう］	＊本時のめあて，中心発問は，四角囲みをする等して明確に記す。
	2．絵カードを見ながら，登場人物の会話を想像して付箋に書く。 ・A　どっちが早くボールを取れるか，競争しよう。 ・B　負けないぞ。 ・AB　よーい，どん！ ・B　Aさんの方が，ちょっと早かったね。残念！もう一回やろう！ ・A　いいよ。やろう！	◇子どもから考えが出ない場合は，教師が一人の登場人物の会話を提示し，子どもがそれにつなげて考えられるようにする。 ＊「留意点」には，この場面のねらいに迫るための手だて，子どもが困った場合の手だて等を書く。 ☆会話を書くことへの意欲が高まっているか。（書く活動の様子，ワークシートの記述）
10分	＊「予想される児童生徒の反応」には，期待したい子どもの反応を，想定して書く。	＊「評価」には，子どもがどんな姿になればよしとするのか。その姿を，何から観るのかを書く。

27

5分	3. ペア（トリオ）で交流し，相手の物語の会話文でよい所を伝え合う。 ・けんかしている所が，面白かった。 ・「やさしいな」という言葉がよかった。	◇相手の物語を聞いて，面白い所や，楽しい所を伝えるように指示する。子どもの見つけた所を，全体で共有できるようにする。
5分	4. 自分でもう一度物語の内容を見直し，会話を付箋に付け加えたり選んだりする。 ・もっと，Ａの会話を増やそう。 ・付箋の色は，ピンクが多いな。Ｂの会話が多いので，減らそうかな。	◇集まった付箋を整理しながら，必要なものを付け加えたり，必要でないものを区別したりするように助言する。
	5. 本時の学習を振り返る。 ・友達から「面白いね」と言われて，嬉しかった。 ・会話をたくさん作ることができた。次は会話の順番を決めたい。	◇本時の学習のめあてに立ち返り，「このめあては，できましたか？」「よかったことは，何でしたか？」と，問いかける。

c. 本時の評価

　物語を書くために必要な事柄を集めている。（発言，ワークシート）

d. 本時の板書計画（略）

4. 授業の振り返り

　授業後は授業者が自身の授業を省察する機会を設ける。そうした機会が，その後の授業改善につながる（第2章参照）。

　例えば，児童・生徒のノート，ワークシート，ペーパーテストなどの評価は，児童・生徒が達成状況を把握し，学習改善に生かすという意味で重要だが，指導者が児童・生徒の達成状況を把握し，その後の指導に生かすという点も重要である。児童・生徒の達成状況が好ましくないとき，授業者はついつい児童・生徒の方に責任を転嫁してしまいがちだが，授業者自身の指導改善にも目を向けることが，指導力向上という点で大切である。

　行った授業をビデオなどで記録に残すとよい。授業中，授業者は授業を進めることだけに集中していて，実際にどんな課題があったか認識していない場合も多く，ビデオ記録などを通して冷静に振り返ることで，新たな気づきが得られることもある。

　研究協議会もぜひ設定したい。参観者は授業者と児童・生徒の言動を時系

列に沿って記録しておき，良かった点，改善が必要な点，気になった点を分けて書き添えておく。協議会ではそれぞれの記録をもとに，感じたこと，気づいたことを率直に語り合い，よかった点は共有し，改善が必要であるとした点については，具体的な改善案も合わせ，掘り下げて検討できるとよい。参観者はフラットな立場で意見を交換したい。特に指導教員はつい，高い位置から教育実習生を指導しがちだが，教育実習生の発言の中にも，ハッとさせられる言葉は多い。教育実習生の授業から皆で謙虚に学ぶ姿勢も大切にしたい。

［宮内　卓也・櫻井　眞治］

● **考えてみよう!**

▶　教育実習は何を目的としており，教育実習生はどのような目標をもったらよいか。
▶　教育実習中の授業への関わり方として，どのようなステップがあるか。
▶　授業づくりにあたって重要な視点は何か。

● **引用・参考文献**

有吉英樹・長澤憲保編著（2001）『教育実習の新たな展開』ミネルヴァ書房
高野和子・岩田康之編（2010）『教師教育テキストシリーズ15　教育実習』，学文社
東京学芸大学教師教育研究会編（1994）『実践的教師入門　training 実地研究の基礎』東洋館出版社
東京学芸大学教師教育研究会編（1999）『教育実践の探究　―これから教師になる人のために―』東洋館出版社
西村圭一・太田伸也編著（2018）『中学校・高等学校数学科　授業力を育む教育実習』東京学芸大学出版会

第2章

教科指導と教育実習

● 本章のねらい ●

　大学の教職課程との関連における教科指導の概要と意義を理解し，校種および教科によって，どのような教科指導が求められているのかを，小学校体育科，中学校社会科，小学校算数科・中学校数学科を事例として，具体的に検討し，教育実習前の大学における教科指導に関わる教育のあり方を考える。

第1節　大学における教科指導についての学び

　教職課程の科目は，「教科及び教科の指導法に関する科目」「教育の基礎的理解に関する科目」「道徳，総合的な学習の時間等の指導法，及び生徒指導，教育相談等に関する科目」「教育実践に関する科目」から構成されており，学校の教育活動全般に関わる広い範囲を網羅している。このうち，教育実践に関する科目は「教育実習」「教職実践演習」を指している。「教育実習」は各科目で学んだことを具体的に実践する場として位置づけられており，理論と実践の往還を通して得た新たな気づき，課題をもとに，その後の学びを得るきっかけにもなっている。

　戦後の学制のもと，教職課程は大学の教育研究の一環として学芸の成果を基盤として運営されてきた。その一方で，卒業した学生は学校現場で組織の

一員として即戦力として勤務することが求められており，学校現場における
さまざまな問題が多様化する中，学芸と実践性の両面がますます求められる
ようになってきた。

　学校現場における教育活動の多くの時間が教科指導に配当されており，教
育実習における教科指導の占める時間は一般に長い傾向にある。やはり，教
科指導は教育活動の基盤となるところである。

　教科指導においても「○○学概論」等と称されるような「教科に関する科
目」と「○○科教育法」等と称されるような「教科の指導法」に関する科目
の成果が事前指導を経て教育実習に実践的に生かされていくことが望まれる。
学芸と実践性を二項対立的に捉えるのではなく，教員をめざす学生の中では，
両者がバランスよく醸成されていくことが期待される。このことは，小学校
の教員をめざす学生においても同様である。

　小学校教員免許を取得する学生の多くは，ピーク制（全科について履修する
とともに，特定の教科，分野について深く専門的に学ぶこと）によって履修して
いる。ピーク制のあり方については議論があるところだが，教科について深
く専門的に学びながら，学校現場において教員相互が磨かれていく姿には意
義を感じる。一方，中学校，高等学校の教員が当該の教科について深く専門
的に学ぶことの重要性については，異議はないところであろう。

　各教科の教育法の全体目標については，コアカリキュラムの中で，「当該
教科における教育目標，育成をめざす資質・能力を理解し，学習指導要領に
示された当該教科の学習内容についての背景となる学問領域と関連させて理
解を深めるとともに，様々な学習指導理論を踏まえて具体的な授業場面を想
定した授業設計を行う方法を身に付ける」とされている。本章では教育実習
前に教科指導に関してどのような力を身につけておきたいのか，三つの事例
を取り上げることで考察を深めていく。

〔宮内　卓也〕

第2節　小学校の教科指導の準備と実際——体育科を例に

　休み時間になると，教育実習生の周りにたくさんの子どもたちが「先生，遊ぼう！」と言って集まってくる。校庭に出て一緒に運動したり遊んだり話をしたりすると，教室の授業では見せないような表情を見ることができる。そして，児童理解がより深まるだろう。みなさんにも，ぜひそのような体験をして欲しい。休み時間以外で子どもたちが身体を動かす時間は，体育の時間である。ところで，体育の時間と休み時間，違いはどこにあるのだろうか。ひとつあげるとすれば，体育には「学習内容」があるということだ。

　バスケットボールで言えば，「バスケットボールを楽しむこと」が一番の目的になるのは確かだが，そのためにパスやドリブルを効果的に行うための知識や技能を身につけることも大事だ。どのように攻めたり守ったりすればよいか作戦を思考したり修正したり，ゲーム中に判断しながら進めたりする力の育成も大切である。そして，考えたことを伝えたり聞いたりして，仲間とともにかかわりながら学びに向かっていく力を身につけていくことや，お互いに協力しあって学習をしていけるように人間性を涵養することを目指していくことも大切だ。

　このような力はそれぞれ単体で育成されていくものではなく，運動を通して相互補完的に身につけていくものだ。教師には，そのようなねらいを明確にして体育の授業を行っていくことが求められる。

1.　体育の独自性

　「体育を好きな子どもは多いし，活動が中心なので授業はやりやすい」と思っている学生は少なくない。しかし，いざやってみると教室で行う授業よりも難しいと感じるはずだ。実際に，多くの子どもたちは体育の時間が大好きである。しかし中には運動が苦手な子どもや，体育が苦手な子どももいる。どの子どもたちのためにも楽しい授業をつくることが教師には求められる。

　体育の授業は校庭や体育館といった広い空間で行う。授業を何回か実施す

ると，声を枯らせてしまう実習生もいるが，指示や声かけがしっかり伝わるように話す必要がある。また，授業中に子どもたちは動き回る。ボールゲームや鬼遊びをするときには，子どもたちは夢中になってしまい，教師の声が届かないこともよくある。そのため，体育の授業ではある程度子どもを「掌握する力」が求められる。加えて，子どもたちとの信頼関係の構築も大事だ。「体育の授業と学級経営は関連している」と言う教師は多い。体育の授業を通して，子どもたちの関係性を築いたり，豊かなかかわりのある学級をつくったりすることができる。逆にいえば，子どもたちとの関係性がよいと体育の授業に生きるのである。

　中学校や高等学校では，保健体育の専門の教師が授業を行うが，小学校では，多くの場合は学級担任が体育の授業を行うことが一般的である。今後，小学校においても教科担任制が導入されていく状況にあるものの，体育の授業はぜひ自身で行いたいと考えている担任の教師は多い。それだけ学級経営と体育の授業づくりは直結するのである。教育実習においても，授業だけでなくさまざまな生活場面で子どもとたくさんかかわり信頼関係を築いていると，体育の授業に生かされることはたくさんあるはずだ。

2. 事前にしておくとよいこと

　教育実習で体育の授業を行うことになったら，担当する学年における運動領域の内容についてしっかりと教材研究をすることが大切だ。体育の授業ではただ運動させればいいのではなく，「ねらい」がある。何をねらうのか，そのためにどのような運動を選ぶのか，どうすればねらいを達成することができるのかについて，大学における教育法の授業等で学んだことを思い出したり，学習指導要領解説体育編や指導資料を参考にしたりしながらおさえておくとよい。配当学年が 2 年生以上であれば，それまでにその領域で何を扱ってきているのかについても概観しておく。可能であれば，学校ボランティア等の活動に参加し，子どもたちと直接触れ合ったり一緒に遊んだりする経験をすると役に立つ。子どもたちの動きの様子や身体の使い方について興味をもって見ると，運動を見る目が養われていくはずだ。

3. 授業のマネジメントを整える

　体育の授業をするためには，準備がとても重要だ。それはどの教科でも同じであるが，身体活動がメインとなる体育は特にそういえる。例えば，着替えや用具の準備，片付けも授業に含まれる。安全面の確保は十分に注意を払う必要がある。怪我をする可能性があることも忘れてはならない。怪我の防止のために，準備運動や整理運動も組み入れる必要がある。先述の通り，子どもたちが広がって活動を始めてしまったら指示も通りにくく，後から修正したり付け加えたりするのはなかなか難しい。説明が長くなると子どもたちは飽きてしまうし，肝心の運動時間が確保できない。

　たくさんの用具を使うのも体育の特徴である。何を準備し，用具を子どもが運ぶのか，授業者が運ぶのか，その用具はそもそもどこに収納されているのか，運んだらどこに置くのか，ということを入念に考え，計画しておくことが大事である。

　指示に関していえば，「明確に話す」ことが必要だ。曖昧な指示は，子どもたちが何をしてよいかわからない状況を生み出してしまう。また，長い指示は子どもたちを飽きさせてしまうので，「簡潔に話す」ことを心がけるとよい。さらにいえば，「次の行動まで示しておく」と，その後の活動がスムーズになる。

　例えば「跳び箱をグループで準備しよう」と指示をしたとする。子どもたちはすぐに準備を始めるだろう。この指示のままでは，準備が終わったら何をしてよいかわからず，元の場所に集まってきたり，跳び箱を跳び始める子どもがいたり，別の遊びを始めてしまったりすることが起きるかもしれない。発達段階を踏まえると，小学生は特に活動的で，動きたくて仕方ない状況にある。「安全に気をつけながら協力して準備をしましょう。準備が終わったらまたここに戻ってきてグループごとに座って待ちましょう」など，次の行動まで見通して指示を出しておくと子どもたちは効率的に動くことができ，その結果運動時間もたくさん確保できる。

　こうした授業のマネジメントをしっかりと事前に設計し整えておくと安心して授業に臨めるだろう。指導案をただ書くだけでなく，1単位時間の流れ

を見通し，どのような指示をするか，それによって子どもたちがどのように活動するのか，具体的にイメージしておくとよい。また，可能であれば，授業実施前に校庭や体育館で実際に立ち位置を確かめたり，子どもたちが取り組む運動を自ら実施してみたりすることで，イメージがより明確になる。また，指示だけでなく「発問」をしっかりと練り，「何にとり組むのか」「何を工夫させるのか」「何を考えさせるのか」についても検討して臨むことを勧める。

4.　体育の授業構成

　45 分間の体育の授業場面を分類すると 4 場面から構成される。「学習指導場面」「運動学習場面」「認知学習場面」「マネジメント場面」と呼ばれる。

　「学習指導場面」は，教師が子どもに本時のねらいを確認したり，発問したり，技をやって見せたりするなど，直接指導する場面である。学習内容が明確でないと，そもそも「学習指導」は実現しない。この授業で子どもたちに身につけさせたいものは何か，それをどのように学ばせようとするのか，また，授業や単元の終わりには子どものどんな変容を期待するのかを描くことが必要である。これは，教材研究や指導案作成の際の根幹部分である。

　「運動学習場面」は，子どもが実際に体を動かす場面であり，体育の授業の中心である。準備運動や整理運動の時間も含め，その時間に扱う運動領域の運動時間をたっぷりととる必要がある。45 分間の授業の中で少なくとも50〜60% は運動する時間を確保できるとよい。

　「認知学習場面」は，子どもたちが工夫したり考えたり振り返りをしたりする時間である。学習指導要領では思考力，判断力，表現力等の認知スキルを育成することも大事な視点とされている。「どうしたらできるようになるのか」「ゲームをよりよくしていくためにはどんな工夫をしたり，作戦を立てたりすればいいのか」を仲間とともに考える時間を確保するとよい。ただ運動を楽しむだけでなく，「わかってできる」「工夫することでより楽しくなる」ということが実現する授業を教育実習においても目指してほしい。具体的には，授業の中盤で，考えたことや工夫して取り組んだことを共有し合っ

たり，上手な子どもに手本を示してもらってみんなで観察や分析をしたりする活動を取り入れたり，今日学んだことを振り返って学習カードに感想を記入する時間を組み入れたりするとよい。

「マネジメント場面」は，並んだり移動したり，ゲームの前に挨拶をしたりする時間である。子どもたちが自分たちで用具を準備したり片づけをしたりする時間も必要である。暑い時期であれば，水分補給の時間も確保する。学習内容とは直接関係ない場面だが，重要な時間である。できるだけ効率的に行うために，準備が必要ということである。授業を何度か繰り返していく上でコツをつかんでいくこともある。効率的なマネジメントはいかにして実現するのかをぜひ実践を通して学んで欲しい。

5. 授業中における教師の行動

教育実習生が行う体育の授業を参観していて気になることがある。小脇にバインダーを抱え，子どもに指示をするたびに笛やリズム太鼓を鳴らして合図する光景だ。指導案通りに進んでいるのか確認したり，評価をしたりするための資料を持っているのかもしれないし，声が届かずに笛や太鼓の音に頼っているのかもしれない。気持ちはとてもよくわかる。教育実習の授業では授業を進めていくことだけで精一杯になるだろう。しかし，笛は危険な場合に注意喚起することが主たる使い道であり，太鼓はリズムをとったり拍子を付けたりするための教具である。

授業中は子どもたちの動きをよく観察し，ほめたり励ましたりすることが大事だ。つまずいている子には声をかける。修正ポイントをアドバイスする。ボールゲームで点が入れば一緒になって喜ぶ。相手チームの気持ちに寄り添ってともに悔しがる。このような教師の行動が，授業の勢いを生むのである。

また，体育の授業では，いくつかのセオリーがある。外で行う場合，晴れている日は日の光がまぶしくないように教師が太陽に向かって立つようにする。話をする際には，しゃがんで子どもの目線に近づいたり，常に全体が見えるような立ち位置を選んだりすることもポイントである。何よりも，安全への配慮を忘れてはいけない。怪我が起きそうな場面を予見し，事前に防ぐ

ような視点をもつようにする。

　そして何よりも子どもたちと一緒に授業を楽しむことが大切だ。これは，どの教科の授業においてもそうであろうが，小学校の体育の場合は特にそれがいえる。教師が自ら明るく楽しい雰囲気を作り出すことで，子どもたちが活発に動くようになるはずだ。そのような学習環境のもとでは，運動が苦手な子どもでも，やってみようという気になるかもしれない。また，身体活動である体育の授業だからこそ，子どもたちがたくさん動く姿，工夫したり考えたりしながら動きの幅を広げる姿，質を高めていく姿を見取っていくような意識をもちつつ子どもたちとともに授業をつくっていってほしい。

6. おわりに

　体育の授業を行うためにはやるべきことがたくさんで不安になったかもしれない。しかし，ここに述べてきたことは，子どもたちを対象にして授業をしたり教育活動を進めたりするうえでは，実は基盤になることである。どの教科にも共通する視点があり，体育に限らず他の授業でも生きることがあるだろう。

　冒頭で述べたように，子どもたちの多くは体育が大好きである。ぜひ，子どもたちとともに授業をつくりながら，運動することを楽しませ，子どもたちの笑顔を引き出し，豊かな学びを構築していってほしい。そのためには，授業者であるあなた自身が率先して明るい雰囲気をつくり，運動することや体育授業自体を楽しんでいく姿勢が求められる。若い教育実習生だからこそ，より効果的に実現するかもしれない。たとえ指導技術が足りなくても，良い授業を創りたいという熱意は，子どもに必ず伝わるはずである。体育の授業づくりを通して，子どもたちとの信頼関係もより深まっていくことを期待する。

［鈴木　聡］

第3節　中学校での学習指導案作成——社会科を例に

　教育実習の中心は教科指導で，その象徴的存在が学習指導案であろう。

　学習指導案を作成するためには，教材に対する確かなまなざし（教材観），生徒の実態を把握すること（生徒観），指導方法のくふう（指導観）が重要である。それらを大学での教科専門と教科教育の授業を通して磨くのである。

　本節では教育実習を終えた学生の振り返りレポート（◻️部分。下線は筆者）を用いて，学習指導案作成に必要なことについて考えてみる。社会科を例に述べるが，基本的な心構えは各教科に通じるであろう。

1．教材観の確立

> ・この題材を通して，生徒に何を考えさせたいのかということについて，自分の中で軸になるものをしっかりと持ち，その上で，それが生徒にとって意味あるものなのか，生徒が興味を持つことができるものなのかという観点から教材研究を行うことが大切であると感じた。また，可能な限り，自分の目で見ることによって，自分の言葉で伝えられるようにするべきであると思った。
> ・まずは毎回「その授業で一番伝えたいことは何か」を自分の中で明確化し，それを伝えるために教えるべきことは何か，扱う順番や比重をどうするか，などを考え，教科書の内容を再構成・取捨選択，あるいは付け足しすることが重要だろう。授業の軸を貫くことを今後も心がけたい。

　生徒たちは今日の社会科の授業を受けたくて教室にいるとは限らない。その生徒たちを「拘束」して授業を行うのであるから，そもそもなぜその授業をするのか，その授業の教育的意義は何なのか，生徒たちにどんなメッセージを伝えたいのか，はっきりさせる必要がある。そのためには，まずその授業に対する思いを高めること，しかし，その思いは独りよがりのものではなく，生徒にとって意味がなければならない。学習指導案を作る際，いきなり導入から考え始める学生が散見されるが，まず教材観等を固め，目標を具体化・明確化することが確かな授業につながる。こういうことを生徒たちに知ってもらいたい，関心をもってもらいたい，考えてもらいたいという気持ち

がもてれば，授業に元気に向かえる。

　社会科が取り扱う内容はとても広い。例えば地理は高校で履修していないという方もいるであろう。そもそも社会の変化が大きく，あなたが学校で学んだことが今日では通じないこともあるだろう。しかし，ひるむことはない。専門だからよい授業ができるとは限らない。むしろ，専門外だから，苦手意識の強い生徒たちの気持ちに寄り添えるかもしれない。生徒たちに関心をもってもらうためにはどうしたらよいか，生徒目線で考えてみよう。

　まず指導する内容について一定の知識や見方・考え方を身につける必要がある。専門書である必要はなく，新書やブックレット等の一般書籍を読むことを勧める。児童書やヤングアダルト向けの図書（岩波ジュニア新書など）にも良書が多い。それを複数冊読みたい。また，他社の教科書も見るとよい。教科書によって単元構成や取り上げる社会的事象や資料に違いや特色がみられ，授業を構想するうえで，たいへん参考になる。

　レポートにもあるように，授業で取り上げる地域や関連施設等（博物館・資料館，役所，裁判所など）に行って，自分の目で見ることで，実感がわき，そこで得た知識やあなた自身が感動したことなどを自分の言葉で伝えられるようになる。卒論作成のためにしていることを行うのである。授業づくりにはそうした研究的姿勢が大切である。問題解決的な学習が重視されている。それを指導するためには，教師自身がそのための資質・能力を高めなければならない。

　こうした教材研究を通して，「軸」が固まってくる。教科書は読めば，ある程度のことがわかるように書かれている。しかし，知識についても，それで身につくほど簡単にはいかない。ましてや関心を高めたり思考力を高めたりすることは容易ではない。軸が固まれば，教科書の内容を再構成・取捨選択することは容易になるし，必要な資料が明確になり，資料収集も楽になる。

　社会科は日常生活と深く関わっており，社会科の教材は日常生活の中にあふれているといえる。ニュースなどにアンテナを高くして，社会の動きについての関心を常日頃から高めよう。

2.　生徒観の吟味

> ・一番大切なことは，生徒が何を知っているか，ということを探ることだと思った。既存知識を確認することで授業は進めやすくなるし，何より生徒に中学校で学ばせたいことがはっきりした。
> ・教材研究において一番念頭に置いたことは，生徒たちが興味・関心を抱く教材準備である。中学生においてはなおさら興味・関心をひかせることが重要で，生徒たちは何に興味があるのか，何が流行しているのかなどの生徒観察も教材選びにおいて大事な情報である。

　授業は生徒のために行うものである。したがって，生徒がすでにどんなことを学んでいるのかを捉えたうえでどんな指導が必要か考える。そのためには，小学校の教科書や，必要に応じて関連する教科（例えば防災ならば理科や保健体育）の教科書にも目を通しておくとよい。

　また，生徒たちがどんなイメージをもっているのか，どんなことに関心をもっていそうか考えてみたい。理想的には事前に調査することが望ましいが，身近に中学生がいれば話をしてみるとよい。ステレオタイプ的なイメージがあると推定される場合には，それを見直させるようにすべきである。生徒の事前の知識やイメージに揺さぶりをかけるような資料や問いを出すと，生徒の関心を高めやすい。そのためにも実習校での生徒との何気ないおしゃべりには意味がある。生徒との信頼関係を築くことにもつながる。

　地域性も考慮する必要がある。例えば地理で関東地方の学習をする際，学習対象が関東地方の生徒なのか，近畿地方の生徒なのか，また，同じ関東地方でも東京都心か郊外かで，生徒の生活経験に違いがあり，目標や取り上げ方は異なるはずである。歴史でも，例えば平安時代の学習で，近畿地方の学校と東北地方の学校とでは取り上げるべき資料や視点が違うはずである。公民的分野でも，地域が抱える問題などを意識して授業を構想するとよい。社会科の最後に「よりよい社会を目指して」という学習が位置づけられている。いわば3年間の学習のゴールである。自地域のあり方を考えるために，日ごろの授業から地域の特色や歴史，課題を活かした授業を心がけたい。

3. 指導観・単元計画の検討

> ・単元を通して何を学ぶことができるのか，その軸を自分がしっかりと持つことが大切だと思い，その軸に沿って展開していくことを心がけた。

　これまでの中学校・高等学校の授業では，小学校の授業とは異なり，1時間1時間の授業が「ぶつ切り」になる傾向があった。教科書も親切に1見開き1時間を想定して作られており，教科書の順番に従って進めればよいと，単元を見通して授業を考えることに欠けやすかった。しかし，長文を読む国語，複数時間をかけて作品を作る音楽や美術，技能を磨いてゲームに至る保健体育の授業では，単元計画をよく練る必要がある。それは社会科でも同じで，地理で対象地域を理解するには，その地域を自然環境や人口，産業などから多面的に捉えたうえで，その地域的特色や地域の課題を総合的に捉える必要があるし，歴史でもある時代を政治，経済，社会，文化といった多面的に考察し，その時代像を描く必要がある。

　学習指導要領は，「指導計画の作成と内容の取扱い」の最初に「単元など内容や時間のまとまりを見通して，その中で育む資質・能力の育成に向けて，生徒の主体的・対話的で深い学びの実現を図るようにすること」と求めている。2017（平成29）年告示の学習指導要領の準備段階で注目された「アクティブ・ラーニング」が，最終的に「主体的・対話的で深い学び」という表現に変わった。それは生徒が活動するだけで，内容が伴っていない学習活動が散見されたからである。話し合うためには，一定の知識がなくてはならない。それなしでは，ともすると机上の空論に陥りかねない。それでは社会科がめざす公民的資質の育成にはつながらない。

　単元の特徴を踏まえて，また，生徒の学習の進展状況を踏まえて，本単元ではどういう学習活動を採り入れたらよいか考えよう。話し合いや調べ学習には時間がかかる。せっかくよく調べても，発表時間があまりにも短くてはその成果が発揮されない。そこで，単元の指導計画を考える際，どこにどのような学習活動を位置づけたらよいか考えるのである。

4. 各時間の学習展開の構想

　授業は生徒，教師，教材の三位一体の協働的な場といえる。単元の教材観・生徒観・指導観を確立すれば，各時間の展開の方向性は自ずと定まってくるし，教育実習生が最も恐れる生徒の思わぬ質問や反応にも，また，時間調整が必要になった時にも対応しやすくなる。

(1) 授業のつながり（学習内容の構造化）

> ・授業が一つのストーリーとなるように，授業内容のつながりを考えた。導入でたとえ生徒たちの興味を引き付けたとしても，展開が全く別物になってしまっては，生徒たちの集中力も持たず，興味が薄れていくのを，身を持って感じたので，内容のつながりをこれからの授業で心がけたい。
> ・一つの事象に関してさまざまな側面（歴史的背景や地形，気候…）から考察を行うことで，より深い学習につながるだけでなく，生徒自身が持つ既得知識がそれぞれに関係し合っているということに気づかせることができる。生徒自身の力では見えてこなかった「関係性」に教師が教材研究を通して気づかせることが大切だと学んだ。

　社会科では1時間の授業でさまざまな知識を学ぶことが多い。それらを羅列的に捉えてしまうと，生徒は飽和状態に陥ってしまう。逆に事象間のつながりに気がつくと，「あっ，つながった」という声が発せられる。学習内容を構造化することが重要である。そうすると，授業の中核が見えてきて，何に時間をかけて考えさせれば全体像がつかめるか見えてくる。

(2) 発問の構成（問いの構造化）

> ・軸，あるいは中心となるような発問を設定し，それを導くような小発問を散りばめることで構成されるような授業がわかりやすいと感じた。
> ・教師も生徒も，自分の問題として引き受けることができそうな問いにする。その問題はなぜ問題なのか，どのような問題なのか，どうすれば解決できるのかなど，具体的に発問する。この問いを軸にして授業を展開する。そのための準備（新聞，動画，画像など）も欠かせない。
> ・展開から導入を考えていく方が良いと思った。

　まずメインの発問を考えることが大切である。問いには5W1H，つまり，「いつ」「どこで」「誰が」「何を」という基礎的な情報に関する問い，それらを分析する「どのように」という問い，情報の関係を考える「なぜ」という問いがある。説明を求める「なぜ」という問いには，基礎的な情報を基に答える。したがって，メインとなる発問は，一般的には「なぜ」という問いとなる。その問いを解決するために，基礎的な情報を得るための問いを考えていく。こうして，問いの構造図（問いどうしのつながりを図化したもの）を作ってみるとよい。それを踏まえて，もう一つのWh-questionであるwhich，つまりどうすべきかといった意思決定・価値認識に迫ることもある。

　メインの発問はそのまま板書するつもりで具体的に文章化すべきである。そして，その問いは生徒にわかりやすいか，何を調べる必要がありそうかわかる問いになっているか，よく検討し改善していくべきである。

　次にそのメインの発問を考えたいという気持ちを醸成するために，導入について考える。生徒のイメージや既得知識と矛盾する内容，生徒の正義感や感性に訴える内容を取り上げたり，教材と生徒たちとのかかわりに気づかせて当事者意識をもたせたりするようにしたい。

　導入でせっかく生徒を惹きつけても，その後に，全く別の内容を取り上げてしまうなどして，展開につながらないことが散見される。それは学習内容や問いの構造化がなされていないからである。

5. 資料の重要性

> ・考えさせたいことを明確にすると資料が決まってくる。
> ・自分が面白いと思わない資料に生徒は関心を持ちにくいと思うし，自分が楽しんで授業をしないと，その面白さは伝わらないと思った。

　社会科では資料が勝負とよくいわれる。適切な資料を提示することで，生徒の関心が高まったり考察がスムーズに進められたりする。何よりも調べたいと思うような資料の提示を工夫することである。そのためには，あなた自身がその資料をおもしろいと思えることが大切である。そして，生徒にわか

りやすくなくてはならない。難しい用語が並んでいる資料は，内容的には良くても，生徒にとっつきにくく感じられてしまう。見やすい大きさにしたり，漢字にルビを振ったり，用語に注を付したりしよう。地理では地図や景観写真，統計，歴史では年表，政治では憲法・法令，経済では統計を活用すべきである。

　ある学生は教材研究の際，「教科書の形容詞をなくす作業を行った。」と述べている。「多い」「非常に」といった形容詞・副詞を，統計などによって具体化すれば，生徒は実感が得られ，わかりやすくなる。

　社会科では批判的思考力の育成が期待されている。フェイク・ニュースが話題になっているように，情報があふれる今日，さまざまな資料を批判的に捉えるメディア・リテラシーが求められている。あなたが卒論で求められているように，確かな根拠となる資料を使って授業を展開することが求められる。それは，「見方・考え方」とともに，教科担任制が採られている中学校・高校の教師の腕の見せ所といえよう。

6.　評価の観点の具体化

> ・机間指導することで，生徒の理解度がわかったり，発問の内容が通っていなかったりと状況を把握することができた。(中略) 机間指導も生徒を積極的に授業に参加させる一つの手法だと感じた。
> ・生徒とのコミュニケーションや感想を書かせる，机間指導を行うなどが求められると思った。

　机間指導は，生徒が授業を理解しているか，発問や資料が適切であったか，生徒がどこでつまずいているかを捉える機会でもある。引き出したい回答だけではなく，おもしろい発想・着眼点など注目すべき回答を引き出すようにしたい。生徒のために授業をするのであるから，生徒の学習状況を捉え，対応することが必要である。特に目標の達成度を捉えるために，評価の観点・方法を学習指導案に具体的に書いておこう。

　授業観察の際も，授業に支障のない範囲で，2〜3名の生徒や一つのグループに注目しつつ，学級全体のようすを観察するとよい。

7. 教科の専門性と学校という場

　社会科は公民的資質の育成を目標としてきた。ところが，社会科の授業では知識の定着が最も大切であるという考えが浸透している。しかし，知識偏重の授業は社会科嫌いを増やしてきた。もちろん知識は考える基本である。何のためにその知識を習得させるのか考えてみよう。

　知識の習得だけならば一方向的な講義，いわゆるテレビ授業でもよい。それに対して，学校は多様なバックグラウンドを有する子どもたちが集まっている「小さな社会」である。したがって，学校という場は子どもたちがそれぞれの多様な発想や意見などを出し合い学び合う相互啓発の場であることが望まれる。さまざまな意見があるのが社会の現実である。それを出し合い話し合って，民主的な態度を培う場が学校なのであり，社会科がめざす公民的資質の育成に通じる。その意味であなたのつくった学習指導案も，他の人に見てもらい，率直に質問や意見をもらい，話し合ってみるとよい。

　学習指導要領が求めているように，習得した知識を使って「何ができるようになるか」，社会科の場合，よりよい社会を実現するために社会に関わろうとする姿勢とそれに必要な資質・能力こそ育てなければならない。

　レポートには「日頃の問題意識が大切」「ニュースをよく見ること」「アンテナを張ること」といった言葉が散見された。今から実践しよう。

　最後に，ある学生のレポート（一部略）を紹介する。

> 　授業実践の上で明確なビジョンや意識を持つためにはどうすればよいだろうか。このためには，教材研究や指導案作成といった授業準備以前の次元で，学生として，社会科各分野の各事象に関する理解や見方をある程度固める必要がある。教育実習を経て，改めて大学で研究を重ねて専門性を深めることの大切さを学ぶことができた。

　大学は研究的姿勢を身につける場である。学び続け，教師となることへの意識と期待を高め，あなたの人間としての魅力を高めてほしい。

［荒井　正剛］

第4節　小学校算数科・中学校数学科の事前学習
——めざす授業像と学習指導案

　いざ教壇に立って授業をするとなったとき，多くの実習生は自分が受けて
きた授業を「モデル」にして考えがちである。しかし，それは個人的な体験
に過ぎず，それが他の多くの児童・生徒にとってよい授業であるとは限らな
い。ここでは，はじめに「めざす授業像」を明確にしたうえで，それを実現
するために必要となる子どもの思考過程の観察や，問題解決型の授業の学習
指導案の作成について考えてみよう。

1.　めざす授業像を明確にする

　めざす授業像について，まず，算数の授業を例に考えてみよう。小学校5
年生で，ひし形の面積について学習する。教科書では，まず，図2.1のように，
問題が提示されている。

　ひし形の面積の求め方を問われた子どもは，図2.2のように考えることが
予想されている。教室では，実際にこのような考えをした子どもを取り上げ
ながら，ひし形の面積の公式（一方の対角線の長さ×もう一方の対角線の長さ÷2）

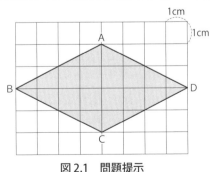

ひし形ＡＢＣＤの面積の求め方を考えましょう。

図2.1　問題提示

（出所）藤井他（2021）等を参考に作成

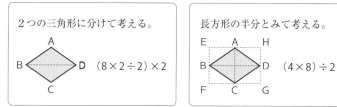

図2.2　予想される考え

（出所）図2.1に同じ

下の四角形ＡＢＣＤの面積の求め方を考えましょう。

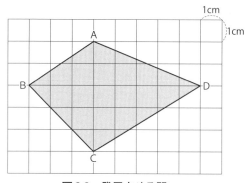

図2.3　発展させる問い

（出所）図2.1に同じ

をつくっていく。

　その後で，**図2.3**のように，同様の面積の公式が適用できるかを考える。

　このように，ひし形の公式を知識として教え，それを適用する問題で練習を積むのではなく，子どもたちの考えをもとにひし形の面積の公式を導くとともに，その考えが適用できる対象について発展的に考察をしていく。このような日本の「問題解決型の授業」は，*Problem Solving Approach* や *Teaching through Problem Solving* として国際的にも高く評価されている。

　では，このような学びは，子どもにとっては，どのようなメリットがあるのだろうか。この点に関して，認知科学の知見をみておこう。

　　熟達者はどのような熟達化プロセスを経るかによって，大きく2種類存
在すると考えられている（波多野 2000）。1つは，ある一定の慣れ親しんだ
型の問題を素早く解くことができる「手際のいい熟達者」，もう1つは，
新奇の場面に遭遇した時に持っている知識や技能を柔軟に組み替えて適用
でき，常に向上を目指す「適応的熟達者」である。手際のいい熟達者へは
模倣やマニュアルなど自学自習でも学べるのに対して，適応的熟達者とし
て学んでいくには，①絶えず新奇な問題に遭遇すること，②対話的な相互
作用に従事すること，③切迫した外的必要性から開放されていること，④
理解を重視する集団に所属していることの4点を満たす環境が重要である
…（益川 2015: 196）

　　めざすべきは，言うまでもなく，「適応的熟達者」としての学びである。
そして，上述の算数の授業は，ひし形の面積の公式は知らない状態で考え始
めること（①），さまざまな考えを比較・検討しながら公式をつくっていく
こと（②），指導計画に組み込み，時数を配当してあること（③），そして，
答えを求めることよりもその過程が大事であるという学級づくりが想定され
ていること（④）から，この①〜④にあてはまることがわかる。
　　数学の授業に関して言えば，残念なことではあるが，現在の日本の中・高
等学校では，あたかも「手際のいい熟達者」になることを志向しているよう
な授業が散見される。それは，生徒が十分に問題に取り組む前に，教師が説
明をし，その後に練習・演習問題を解くような授業である。その「説明」は，
すでに結果を知っている，数学的な考え方が十分身についている者の思考の
流れであることが多い。数学の理解の深さは，その状況に至るプロセスによ
って決まる。問題に対峙し，深く考え，見出したことと，はじめから教師に
説明されたことでは，理解の深さが異なる。深い学び，すなわち，質の高い
理解と自立して数学的に考える力が得られるような授業づくりを目標にしたい。

2.　子どもの思考過程を観察する

　　上述の理解の深さの違いは，教室で，実際に思考活動をする児童・生徒の

様子を通して，はじめて実感できる面もある。そのための，授業観察の方法を確認しておこう。

　授業観察には，目的に応じて，大きく次の2通りの記録の仕方がある。

（1）授業全体の場にあらわれる教師と子どもたちの活動を記録する。

（2）一人の子どもの思考過程に着目し，その子どもの活動を追い続けて記録する。

　（1）の授業観察は，"授業でおきている事実"を把握することを目的とするものである。以下は，ある実習生の授業でのやり取りの場面である。

　　教師：今日は，こんなことを考えます。
　　　板書〈ポップコーン売り場の前に列ができています。さくらさんは
　　　　　　18番目にいます。ポップコーンを買うまでに何分待てばいいか
　　　　　　考えてみましょう。〉
　　生徒：先生，それだけですか？
　　教師：そうですね。いいことに気がつきました。3人進むのに5分かか
　　　　　りました。これなら解けますね。

　このやり取りの後，個別解決へと進んだが，観察者は，上のやり取りの最中に，別の生徒が「えっ？　それだけでは解けないでしょ。」とつぶやいていたことを記録していた。また別の観察者は，「先生，それだけですか？」と質問した生徒がノートに，「列の進むはやさは一定？」と記述していたことを記録していた。

　授業後の協議では，授業者は，「3人進むのに5分かかる」という情報が必要であることを引き出すことを意図して，条件不足の問題を板書した，この点はうまくいった，と自己評価した。それに対して，観察者は自分たちが記録した生徒のつぶやきやノートの記述をエビデンスとして，「生徒はもっと深いことに疑問をいだいていたのではないか」，すなわち，ポップコーンを買う人の列の進み方は一定なのかという，より本質的な部分に疑問をいだいていたのではないかと指摘した。そのことに気づいていれば，現実事象に

対する考察では，ほぼ一定とみなして考えて，およその予測をすることができる，そのとき考えるべきことは「ほぼ一定とみなしてよいか」である，といったことにも焦点をあてた，より深い学びのある授業になったといえよう。これは，授業者を含む，この実習生らにとって大きな学びとなった。

　このように，授業後に振り返ってその時々の意味や価値を考えるとき，授業記録が大きな役割を果たす。観察者は，教師の発問や子どもの反応に加えて，つぶやき，発話やそれらの相互作用等，授業で起こる事実をできるだけ忠実に記録することが大切である。

　また，教育実習においては，(2) の授業観察も経験したい。観察者で担当を決め，その生徒の思考過程をすべて記録していくものである。このような授業記録の例を**図2.4**に示す。「連続する奇数の積にどのような性質があるか」が問われた直後の思考であるが，生徒による活動の違いが表れている。

　もちろん，一つの授業観察においてこの (1) (2) の授業観察の方法を併用することもある。教室全体の動きを追う場合にも個々の子どもを把握しよう

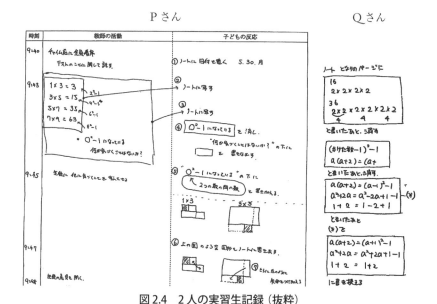

図2.4　2人の実習生記録（抜粋）

とするし，一人の子どもを追い続ける場合にも教室全体の動きとの相互作用をとらえなければならないからである。

　授業観察には，授業者としての観察眼を鍛え，子どもの思考を把握する力を伸ばすという役割がある。この意味で，教育実習生にとって，授業観察や授業記録をとることは授業をすることと同じくらい重要な活動である。

3.　学習指導案をつくる

　ここでは，問題解決型の授業を想定し，学習指導案の必要性や役割，指導案を作成するために必要な教材研究について考えてみよう。

(1) 問題解決型の授業の構成

　算数・数学科における問題解決型の授業は，大きく以下の4つの場面から構成される。「問題の提示」「個人解決」「比較・検討（練り上げ）」「まとめ」である。

　ここでいう「問題」は，「ある目標を達成しようとしているときに，すぐには達成するための手段が見つからない状態」である。既習事項とのギャップに気づき，「あれ？」「おや？」という知的葛藤を起こすことが重要である。

　提示した問題を解決するためにどんなことがわかればよいかを話し合い，それを「課題」としたり，「めあて」としたりすることもある。この点を個人解決の前に明確化することには一長一短がある。ゴールが明確になる反面，思考の多様性の幅を狭めることがあるからである。授業目標や子どもの実態に応じて判断するようにしたい。

　「個人解決」では，個別に，あるいはペアやグループで解決に取り組む。はじめからペアやグループで活動させると，自分の考えをもたないうちに他者の考えを聞いてしまうことになりがちなので留意したい。また，解決できた子どもが解決できていない子どもに「やり方」を教えるというような活動では，結果的に，「わからないからこそじっくりと考える」という機会を奪っていることもある。協働するすべての子どもがwin-winの関係になれるように，ペアやグループ活動を設ける必要性やその内容について十分に検討す

ることが大切である。

　「比較・検討（練り上げ）」では，まず，多様な考えを発表させる。そして，それらを学級全体で比較・検討することを通して，考えや解決をより洗練されたものや一般性のあるものなどへと高めていく。多様な考えを発表するだけの「発表会」にならないように留意することが大切である。また，グループ活動を取り入れた際，グループでひとつの考えにまとめさせたうえで発表させることにより，練り上げを行ううえで鍵となるであろう重要な考えが消えてしまうケースもあるので注意が必要である。

　「まとめ」では，子どもとともに作り上げた概念や手法，その過程で顕在化した数学的な見方・考え方などをまとめる。その後，さらに考えたいことはないかと問うたり，途中で，「もし，こうなったらどうなるのだろう」といった子どもの声を紹介し，発展的に考察するきっかけをつくったりすることも大切である。

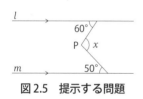

図2.5　提示する問題

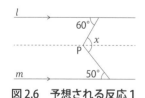

図2.6　予想される反応1

図2.7　予想される反応2

（2）学習指導案の作成

　このような問題解決型の授業を想定したときに，学習指導案はどのように作成していけばよいのだろうか。図2.5の $l /\!/ m$ のとき，$\angle x$ の大きさを求める授業を例に考えてみよう。

　まず，本時を通してどのような力を身につけさせたいのかを明確にし，「本時の目標」として明記する。同じ問題を扱う授業であっても，本時の目標が異なれば授業展開は異なってくるので，目標を明確にしておくことは極めて重要である。

　「問題の提示」に関して検討すべきことの一つは，60°，50° という具体的な数値で提示するか，$\angle a$,$\angle b$ として一般的な性質を問うかである。どちらがよいかは，単元のどの段階で扱うかにも依存することである。

　「個人解決」に関しては，予想される子どもの反応を記述する。特に実習時には，**図2.6**，**図2.7** のように，図なども一つひとつかき，具体的に示すようにしたい。それらを記述する過程で気づくことも少なからずあるからである。

　「比較・検討（練り上げ）」に関しては，予想した子どもの反応の中から取り上げる考えを記述する。

　「まとめ」に関しては，整理する概念や手法，見方・考え方を記述する。

　以上はあくまで概要である。それぞれの場面において，教師が何を問い，それに対して子どもがどのように反応するかを詳細に考えておくことが大切である。例えば，「比較・検討」において，**図2.6**，**図2.7** を取り上げたとして，そこで教師は何を問うのか。それは，本時の目標に関わる重要な問いであり，子どもの考えを練り上げていくきっかけとなる。そして，その問いに対して子どもはどう反応するのか，その反応に対してさらに教師はどう返すのか。このように，本時の目標を達成するための具体的な授業場面を想像しながら指導案を書くことが，授業の質の高まりにつながる。

　また，ある1時間の授業を考えるにあたって，既習事項は何か，どのようにその内容を学習してきているのか，さらに本時が今後のどのような学習につながっていくのかといったことを考えることも大切である。そのために，単元指導計画を考えることも欠かせない。

(3) 教材研究の必要性とその役割

　このような授業を構想し，学習指導案を作成するためには，深い教材研究が必要不可欠である。提示する問題に対して子どもがどのような反応をするかを想定することは，まさに教材研究そのものである。例にあげた問題では，**図2.6**，**図2.7** 以外にも補助線の引き方は何通りも考えられる（西村・太田 2018）。予想される子どもの反応をできるだけ多く想定できれば，「比較・検討」の構想が豊かになる。それぞれの考えの数学的な背景やつながりを考察しておけば，子どもの多様な考えをつなぐ発問などを事前に準備しておくことができる。誤答も想定しておくことができれば，どう対応するのかも考え

ておくことができる。このように，教材研究において，どれだけ子どもの反応を予想できるかが，授業の質を高めるために大切なことである。

　また，扱う問題を発展的に考察しておくことも大切である。例であげた問題では，点Pが直線 *l* の上にあったらどうか，*l*∥*m* でなかったらどうかなど，発展的に考察しておくことによって，最初の問題の本質や重要な考え方がわかることがある。また，子どもに発展的に考察させることもできる。

　その他にも，提示する問題は，「あれ？」「おや？」と思えるような，考えたくなるまたは考える必要性の感じられるものになっているか，そもそも多様な解決が想定されるか，問題の数値は子どもの思考を想定して設定されているか，などさまざまな観点から教材について考えることが大切である。

〔西村 圭一・太田 伸也・成田 慎之介〕

● **考えてみよう！**

▶　子どもたちとともに充実した授業を展開するための条件は何だろう。本来の学びを通したあなたの考えを述べてみよう。

▶　ある単元を取り上げて，その単元を（学校で）生徒が学ぶ意義について，あなたの考えをまとめ，ほかの人と意見交換してみよう。

▶　学習指導案を作成する際に子どもの思考過程を予想することにはどのような意義があるだろうか，考えてみよう。

● **引用・参考文献**

荒井正剛編（2022）『中等教育社会科教師の専門性育成』学文社
鈴木聡（2020）『体育指導超入門』明治図書：66-105
西村圭一・太田伸也（2018）『中学校・高等学校数学科　授業力を育む教育実習授』東京学芸大学出版会
藤井斉亮他（2021）『新しい算数5下』東京書籍，文部科学省検定済教科書
益川弘如（2015）「学習科学からの視点—新たな学びと評価への挑戦—」『放送メディア研究』12，NHK放送文化研究所，丸善：191-209
松田恵示・鈴木聡・眞砂野裕編（2018）『子どもが喜ぶ体育授業レシピ』教育出版

第3章

教科外・その他の指導

● **本章のねらい** ●

　学校では，各教科等の指導に加えて，特別活動や総合的な学習の時間等が教育課程に位置づいている。また，すべての教育活動を通して，生徒指導や特別支援教育を進めていく必要がある。これら教科以外の指導について，実習生の関与の方法を考えながら，理解を深める。

第1節　特別活動

1. 学級活動

(1) 学級活動における実習生の関与

　学級活動は，学習指導要領「特別活動」に位置づいており，基本的には学級担任が年間を通して計画的に行うものである。そのため，実習生が関与する余地が見当たらないようにも思われる。

　実習生は，年度の途中，しかも限られた短い期間，子どもたちの学校生活の中に入る存在である。いわば，ゲスト的な存在といえる。ゲスト的な存在であるからこそ，子どもたちも実習生に対しては，普段の学校生活では見せないような一面を表すこともある。

　そのような存在であることを踏まえたうえで，今一度，学習指導要領解説

特別活動編の内容を読んでいくと，実習生が関与するための視点がいくつも示されていることに気づくことができるだろう。

① 合意形成を図ろうとする態度の育成の視点

　子どもたちは，学校での生活を通して，自分たちの生活をよりよくするために，課題を見つけたり，その課題を解決するために話し合いをしたり，お互いに認め合ったりするような活動を行っている。いわゆる「合意形成」の場面である。

　例えば，子どもたち同士の意見の相違が起きている場面を想定しよう。このような場面に実習生が遭遇することは珍しいことではない。このような場面では，どうやったら子どもたちに「合意形成を図ろうとする態度の育成」が図れるのかを考えていくとよい。つまり，実習生が大切にすべきは，意見の相違という「課題」を，合意形成で解決できるように子どもたちを支えていくという姿勢である。

② 主体的な学級組織づくりの視点

　学級では，子どもたちの係活動や当番活動が，日常的に当たり前のように繰り返されている。毎日のように繰り返されるがゆえに，このような活動において，子どもが賞賛されることも少なくなりがちである。

　しかし，子どもたちの主体的な学級組織づくりを促進するためには，子どもたちのよい取り組みを賞賛し，認めていくことが大切である。そこで，ゲスト的な存在の実習生によるかかわりが有効となる。実習生が，係活動や当番活動の様子を捉えて，「係活動をしっかりやっているから，いいクラスになっているね」と，客観的な気づきを子どもたちに与えていくようにすることで，「主体的な学級組織づくり」に望ましい関与ができる。

③ 基本的な生活習慣の形成の視点

　基本的な生活習慣の形成は，学級活動で扱われる内容である。特に，小学校では大切にしたい。挨拶や身の回りの整理など，基本的な生活習慣の形成のためには，日常的に根気強く，指導や支援を重ねていくことが必要である。

　例えば，挨拶については，子どもたちが実習生に対しても挨拶ができるようになることが望まれる。そのためには，実習生からも子どもたちに挨拶を

することが必要なことは言うまでもない。実習生に限らず，教師自身が子どもたちのロールモデルとなることは，「基本的な生活習慣の形成」に有効な手段である。

④ よりよい人間関係形成の視点

よりよい人間関係の形成が，学級活動の基盤となる。そのため，子どもたちがお互いのよいところを見つけたり，あるいは違いを尊重し合ったり，仲よくしたり，信頼し合ったりできるように，日々の生活でも人間関係形成の視点を意識していかなければならない。実習生はその視点から，子どもたちの人間関係形成の仲立ちをする支援を行うことが十分可能であると考えられる。

また，中学生段階からは，自己への関心が高まると同時に，人間関係の広がりとともに他者への意識も高まってくる。人からの評価を気にしたり，人と比較したりすることで自己評価が低下してしまうという傾向も強まってくる。そこで，実習生が大切にすべきは，多様な他者の価値観を認めるという態度で接することである。

⑤ 心身の健康と安全の視点

事件や事故，災害等から身を守り，安全に行動することについて，子どもたちの心身の健康と安全に関する態度の育成を図ることは，学級活動で扱われる内容である。

また，心身の健康を保持増進するためには，自己管理が大切である。実習生も，もしかしたら気負うあまり実習中にオーバーワークしてしまうこともあるかもしれない。子どもとともに，心身の健康の問題に気づいていけるようにしたい。

⑥ 食育の視点

食育は学級活動に位置づいている。具体的には，給食の時間の活動などを基にして，食育の指導を進めている。

給食の時間は，実習生が子どもと直接的にかかわる機会のひとつである。給食の時間を，ただの食事の時間と考えてはならない。食育の視点では，健康によい食事のとり方などの望ましい食習慣や，食事を通して人間関係をよ

りよくする時間という一面がある。実習生が大切にすべきは，食育への関与を念頭に，給食の時間に子どもたちとかかわっていくことである。

　なお，学校の状況や時期によっては，感染症予防の観点から，給食時間中に実習生が子どもとかかわれない場合もあることに留意したい。

⑦ キャリア形成の視点

　キャリア形成とは，社会の中で自分の役割を果たしながら，自分らしい生き方を実現していくための働きかけ，その連なりや積み重ねを意味するものである。子どもたちのキャリア形成を促進していくことが，学級活動の内容に含まれている。

　キャリア形成の視点では，実習生が子どもたちにとってのロールモデルとなる可能性は十分にある。「私もあのような大学生になってみたい」「私も将来，学校の先生になりたい」と，子どもたちのお手本となるような言動を心掛けることが望まれる。実習生自身が，子どもたちの希望や目標となり，子どもたちの日々の生活の充実につながると，これはとても理想的なことである。

(2) 学級活動における校種ごとの配慮事項
① 小学校

　小学校低学年では，まず基本的な生活習慣が定着するようにしていくことが大切な時期である。

　小学校高学年からは，思春期にさしかかり，心身ともに大きく変化する時期である。したがって，人間関係や健康安全，食育などに関する悩みの解消などが少しずつ重視される。

　小学生にとって，実習生は，シンプルに「先生」とみなされることが多いだろう。そのため，実習生のちょっとした一言も子どもにとっては，学校の先生からの言葉と同等の重みをもつことがある。基本的な生活習慣を身につける時期ということを考慮すると，実習生は自らの言動にもより一層気をつけなければならない。大学生同士で行うような内輪的な言動は，小学校の教育現場では許されるものではない。

② 中学校・高等学校

　中学校では，自己への関心が高まると同時に，人間関係の広がりとともに他者への意識も高まる時期である。また，子どもが自分の具体的な進路を考える際には，人からの評価を気にしたり，人と比較したりすることで自己評価が低下してしまうという傾向も強まってくる。こうした時期に多様な他者の価値観に触れることは，子どもにとって重要な意味をもっている。実習生とのかかわりもまた，子どもからみたら「多様な他者とのかかわり」のひとつである。子どもの内面を育てるうえでは，実習生の価値観に触れることもまた，大きな意味をもつことがあるだろう。

　また，中学生は自我の発達の面では未熟な面も見られる時期である。自信を失ったり，自己嫌悪に陥ったりすることも少なくない。個人差はあるものの，人間関係の複雑化に起因する悩みや異性への関心も高くなる。もしかしたら，実習生に好意を抱くような中学生もいるかもしれない。このような子どもたちの実態について，実習生は十分に配慮する必要があるだろう。たとえ実習生は冗談のつもりであったとしても，それが場合によっては通用しないことを肝に銘じるべきである。

2. 児童・生徒会活動

　児童会活動（小学校），生徒会活動（中学校・高等学校）は，学校によってさまざまな活動の形がある。

　例えば，小学校では代表委員会や委員会活動，児童会集会活動，異学年集団でのたてわり班活動など。中学校・高等学校では生徒総会，役員選挙などがある。これらの活動の場面に，実習生が関わることもあるだろう。実習生が関わる際には，あくまでも，「子どもの連帯感の育成」を支える立場であることを意識したい。

3. 学校行事
(1) 儀式的行事

　学校生活に有意義な変化や折り目をつけ，厳粛で清新な気分を味わい，新

しい生活の展開への動機づけとなるようにするための内容である。具体的には，入学式，卒業式，始業式，終業式，朝会などがある。

　実習生によっては，実習初日，始業式や朝会の場面で子どもと初めて対面するという場合もあるだろう。子どもの立場に立ってみれば，そのような場面で実習生と対面することで，まさに新しい生活の展開への期待に胸膨らませることになるかもしれない。

(2) 文化的行事

　平素の学習活動の成果を発表し，自己の向上の意欲を一層高めたり，文化や芸術に親しんだりするようにするための内容である。学芸会，学習発表会，展覧会，鑑賞会などがある。

　例えば，実習生が音楽鑑賞教室等に参加する場合は，子どもと感想を伝え合うことで，豊かな情操の育成に寄与することが期待される。

(3) 健康安全・体育的行事

　心身の健全な発達や健康の保持増進，事件や事故，災害等から身を守る安全な行動や規律ある集団行動の体得，運動に親しむ態度の育成，責任感や連帯感の涵養，体力の向上などに資するようにするための内容である。避難訓練，交通安全や防犯等の安全に関する行事，運動会や球技大会などがある。

　例えば，避難訓練では「もし地震などの災害が発生したとき，どのようにしたら子どもたちの安全・生命を守ることができるか」という視点で観察したり省察したりすることが，実習生としても大きな学びにつながるだろう。

　災害はいつ発生するかわからない。実習生といえども，一人の大人として子どもたちの安全や生命を守ることを，常日頃より考えていくべきである。

(4) 遠足・集団宿泊的行事（中学校では，旅行・集団宿泊的行事）

　自然の中での集団宿泊活動などの平素と異なる生活環境にあって，見聞を広め，自然や文化などに親しむとともに，よりよい人間関係を築くなどの集団生活の在り方や公衆道徳などについての体験を積むことができるようにす

るための内容である。遠足，修学旅行，野外活動，集団宿泊活動などがある。

　実習生が参加する場合は，特に事故防止のための取り組みについて，観察したり，省察したりするとよい。

(5) 勤労生産・奉仕的行事

　勤労の尊さや生産の喜びを体得するとともに，ボランティア活動などの社会奉仕の精神を養う体験が得られるようにするための内容である。飼育栽培活動，校内美化活動，地域社会の清掃活動，福祉施設との交流活動などがある。

　活動の成果を，実習生が子どもとともに喜んだり，振り返ったりすることで，子どもたちの自己有用感の高まりにつながることが期待される。

第2節　総合的な学習の時間（高等学校では，総合的な探究の時間）

　総合的な学習の時間では，探究的な学習の幅が広がったり，学習活動が多様化したりすることや，児童・生徒の追究が次々と深化したりすることは，当然起こり得る。その結果として，学級担任だけでは対応できない状況も出てくる。そのような場面においては，実習生も指導者の一人として，子どもたちの学習を支える役割が期待される。

　指導に当たっては，子どもがもつ本来の力を引き出し，それを支え，伸ばしていくことが大切である。これは，肯定的な子ども観に立つということでもある。

　総合的な学習の時間では，子どもの主体性を重視するあまり，子どもたちの学習活動に対して関わってはならないと捉えられることもある。しかし，そのような一面的な捉え方は避けるべきである。例えば，子どもが自主的な学習活動において，活動が停滞したり，どうしたらよいか迷ったりしている場面に出会うこともあるだろう。実習生が大切にすべきは，子どものもつ潜在的な力が発揮されるようにするにはどうしたらよいかと考えることである。

61

その結果として，近くで見守る場合もあれば，ヒントとなる言葉をかける場合もあるだろう。

第3節　生徒指導・部活動

1. 生徒指導

　生徒指導[1]とは，一人ひとりの子どもの人格を尊重し，個性の伸長を図りながら，社会的資質や行動力を高めることを目指して行われる教育活動のことである。したがって，生徒指導は，すべての子どもが対象であり，学習指導と並んで学校教育において重要な意義をもつものである。

　生徒指導は，学級担任が中心となって指導していくことが多い。実習生の立場でも，学級担任等との情報交換を通じて，子どもの理解を進め，組織的な対応の一部を担うことは可能である。例えば，子どもの問題行動等のサインを見つけた場合には，事案に応じて，その子どもの学級担任・ホームルーム担任や生徒指導主任等にその情報を伝えることにより，学校の一員として，生徒指導の組織的対応に参画していくことになる。

　生徒指導に関して，特に実習生が留意すべき点は，守秘義務に関することである。国公私立を問わず，学校ではさまざまな個人情報を取り扱っている。実習生が，子どもの個人情報を知り得ることもあるだろう。しかし，知り得た個人情報は学校内でのみ使用することが大原則であり，学校外に持ち出すことがあってはならない。実習生は日誌にて子どもの様子を記録する場合も考えられるが，その際は子どもの名前を特定できないようにしたり，必要以上の個人情報については記載しないようにしたりするなど，守秘義務の具体策を検討していくとよい。また，学校で定められた情報管理の規則を遵守することが必要である。

2. 部活動

　部活動は，学校教育の一環として行われる。これまでの自らの経験により，

部活動に興味・関心があり，関与できることを期待している実習生もいるだろう。

　教育実習において，部活動に関与することができるかどうかは，学校の方針に従わなければならない。しかし，部活動がどのような位置づけで行われているのかについては，各自で理解を深めておくとよい。

　もし，実習生が部活動に関与する場合は，以下の点に留意する必要がある。

(1) 関与する場合の留意事項

① 生徒の自主的，自発的な参加であることを踏まえる

　部活動の取り組みに求めるものには，生徒によって，それぞれの目的や目標がある。したがって，部活動への一方的な価値観の押しつけは避けなければならない。特に，運動部においては，試合等で勝つことのみをめざすことのないようにすることが大切である。あくまでも，部活動は子どもの自主的，自発的な参加によるものであることを踏まえる必要がある。

② 生徒のバランスのとれた心身の成長に寄与する

　部活動の指導者は，子ども自らが意欲をもって取り組めるよう，雰囲気づくりや心理面での指導の工夫を講じている。指導者の感情によって，指導内容や方法が左右されてはならないのである。

　実習生がかかわる場合には，子どもがそれぞれの目標に向けてさまざまな努力を行っていることに対して，評価や励ましの観点から声を掛けていくことが望まれる。

③ 安全な活動を実現するために

　特に運動部の活動では，けがや事故，熱中症等が発生することがある。ときには生死に関わる場合もある。実習生が大切にすべきは，けがや事故を未然に防止し，安全な活動を実現するために何ができるかを考えることである。

(2) 指導を逸脱しているとみなされる言動

　子どもの人間性や人格の尊厳を損ねたり否定したりするような言動は許さるものではない。以下に具体的な「指導を逸脱しているとみなされる言動」

をあげる。部活動指導では，このような状況に陥りやすい特徴がある。実習生が関わる場合でも，遵守することが絶対である。

・殴る，蹴る等の暴力をふるうこと
・過度な肉体的・精神的負荷を課すこと
　（例）長時間にわたる正座，多くの人がいる場での強い叱責，……
・威圧・威嚇的な言動，人格を侮辱したり否定したりする言動，無視や嫌がらせ等のパワーハラスメントを行うこと
・容姿をからかったり，不必要に身体に触れたりする等のセクシャルハラスメントを行うこと

第4節　特別なニーズを必要とする子どもへの対応

1. 障害のある子どもへの対応

　実習生にとって，まずは，その子どもの実態を把握することが大切である。実態の把握で特に大切なことは，具体的に何ができて，何ができないのかを知ることである。子どもの実態は多様であるため，その実態に応じて，子どもへの対応が異なってくるという点を理解すべきである。実態の把握のためには，例えば学級担任から情報を聞いたり，授業観察時や休み時間などの子どもの様子を丁寧に観察したりすることで得ることができる。

　具体的には，「どうすればできるようになるのか」という視点で，子どもの姿を捉えていくとよい。例えば，以下のように，「何ができて，何ができないのか」を捉えていくと，より子どもへの理解が深まる。

・なかなか会話ができないことがあるが，「どっちにする？」と選べるように問いかけると，「こっち」と選ぶことができる。
・文字で書いてあることを自分で読むことは難しいけれど，読んで聞かせてあげると理解できる。

　さらに，何かを頑張ったり，課題を達成できたりしたときには，その成果

を本人がわかる形で褒めたり，一緒に喜んだりすると，子どもが実習生に対して信頼感をもってくれるようになることもある。

2.　特別支援学級・特別支援学校

(1)　子どもとのかかわり

　特別支援学級や特別支援学校では，一人の子どもについてじっくり観察することもできれば，集団として子どもたちの様子を観察していくこともできる。

　特別支援学級や特別支援学校に在籍する子どもたちの実態は，実に多様である。そして，どの子どもにとっても，いろいろな人とのコミュニケーションはとてもよい学習になる。その点，子どもとコミュニケーションを多くとることで，子どもの成長にもつながるので，積極的に子どもとコミュニケーションをとってみるとよいだろう。

(2)　ティーム・ティーチング

　特別支援学級・特別支援学校では，授業を複数の教員で担当するティーム・ティーチングが行われていることが多い。一般的に，授業全体を進行する教員を「メインティーチャー」(MT や T1 と略される)，子どもを個別に指導・支援する教員を「サブティーチャー」(ST や T2 等と略される) と呼ぶ。メインティーチャーと，サブティーチャーでは，求められる役割が異なる。それぞれの役割において，どのような点が大切なのかを，実習を通して学んでいくとよいだろう。

［増田　謙太郎］

● **考えてみよう!**

▶　特別活動や総合的な学習の時間では，子どもにどのようにかかわることができるか。
▶　守秘義務とはどのようなことだろうか。
▶　障害のある子どもには，どのように接することが必要だろうか。

● 注

1)「生徒指導」という用語について，「生徒」というのは，中学生・高校生に使用されるため，小学校の「児童」には適用されないということではない。ここでも「生徒指導」とは，「生徒指導提要」(2010) の「小学校段階から高等学校段階までの体系的な指導の観点，用語を統一した方が分かりやすいという観点から，本書では「生徒指導」としている。」に基づき，小学校段階から高等学校段階までを対象とした用語として使用する。

● 引用・参考文献

菅原眞弓・廣瀬由美子 (2015)『特別支援学級をはじめて担任する先生のための〈国語・算数〉授業づくり』明治図書

スポーツ庁 (2018)「運動部活動の在り方に関する総合的なガイドライン」https://www.mext.go.jp/sports/b_menu/shingi/013_index/toushin/__icsFiles/afield-file/2018/03/19/1402624_1.pdf (2020年11月21日最終閲覧)

半澤嘉博編著，相澤雅文・忰田康之・高橋浩平・玉野麻衣・三浦光哉・明官茂他 (2019)『小学校学級担任のためのよくわかるインクルーシブ教育　課題解決Q&A』開隆堂

文部科学省 (2010)「生徒指導提要」

文部科学省 (2017)「小学校学習指導要領 (平成29年告示) 解説　特別活動編」

文部科学省 (2017)「中学校学習指導要領 (平成29年告示) 解説　特別活動編」

文部科学省 (2017)「小学校学習指導要領 (平成29年告示) 解説　総合的な学習の時間編」

文部科学省 (2017)「中学校学習指導要領 (平成29年告示) 解説　総合的な学習の時間編」

文部科学省 (2018)「高等学校学習指導要領 (平成30年告示) 解説　特別活動編」

文部科学省 (2018)「高等学校学習指導要領 (平成30年告示) 解説　総合的な探究の時間編」

第4章

教育実習のまとめ・評価・振り返り

● **本章のねらい** ●

　教育実習における評価は，実習生が行うものと実習生を指導する教員が行うものに，大きく分けることができる。それぞれの意味や方法などについて具体的に整理し，評価のあり方について理解を深める。

第1節　教育実習における評価とは

1.　教育実習の評価

　教育実習の評価というと，実習生が大きな問題なく実習を終えることができたかどうかをチェックし，単位認定をすることがまず思い浮かぶことと思う。教員免許状を取得する過程においては，免許法に定められた科目を修得するときにそれぞれ評価を受けるが，教育実習についても例外ではない。

　大学の教職課程で教員免許を取得する過程は，自動車教習所で運転免許を取得する過程とよく似ている。大学で教科や教職に関する科目を学び，学習指導案を作成したり模擬授業を行ったりすることは，自動車教習所で決められた学科を受講し，シミュレーターや教習所内のコースで運転の基礎技能を習得することと同型である。そのように考えると，教育実習は一般の人や車両の往来する路上での運転技能教習に相当する。路上教習においては，単位

時間の中で設定されている課題に関して基準をクリアしたかどうか，指導者による見極めが毎回行われる。同様のことが教育実習でも行われ，これが「実習校の指導教員による評価」にあたる。

　日々の「実習校の指導教員による評価」をもとに，教育実習の終了後に実習校の管理職名で教育実習成績報告書[1] が作成される。大学は，その報告書をもとに教育実習の評定をつけ，単位認定を行うのが一般的である。

　しかし，教育実習における評価は，これ以外にも考えられる。次項では，それらについて整理することにする。

2.　教育実習の評価についての整理
(1) 実習生が行う評価

　教育実習においては実習生が行う評価もある。

① 授業実践における児童・生徒の学習評価

　第一は，授業実践の際に行う学習評価である。これは「教育実習の評価」とは文脈が異なるものであるが，教育実習の評価項目にも「学習指導とその評価」や「児童・生徒の学習状況の把握」などとして設定されていることがほとんどで，実習生が自身の授業をより良いものにしていくための重要な視点となる。実習生にとって児童・生徒の学習状況を把握し評価することは簡単なことではないが，学習指導案を作成する段階から授業のねらいに即して評価の観点を考えておくことが大切である。実際の授業の場面では，児童・生徒の発言の様子や机間指導の際のやりとり，授業後に回収したノートやワークシートなどをもとに評価することになる。

② 授業に対する自己評価

　第二は，自身の授業に対する自己評価である。第一の学習評価と表裏をなすものであるが，自身の指導がどのようなものであったかを振り返り，成果と課題を整理することとなる。整理したことを言語化して実習日誌に記載し，指導教員からのアドバイスを受けるのが一般的である。また，授業直後や放課後などに，指導教員や仲間の実習生と振り返る機会をもつことは，対話や会話の中でそれぞれの気づきをもとに省察を深めることができる点で効果的

である。

③ 教育実習全体に関する自己評価

　第三は，教育実習における取り組み全体に関する自己評価である。これは，授業実践だけではなく，児童・生徒とのかかわりや実習での取り組み全般を踏まえて，自身の意欲や態度あるいは教職に対する思いなどを捉え直すことである。具体的には，教育実習期間の半ばと最終日に，予め用意されたチェックリスト（例えば**表4.2**）などをもとに自己評価を行うことが多い。また，第二の授業に対する評価と関連するが，授業実践を繰り返し，その度に授業に対する自己評価を行うと，自ずと PDCA サイクルを回していくことになる。そのサイクル自体について俯瞰的に振り返ることはとても大切であり，ここで述べる自己評価にはこのような振り返りも含まれる。

　なお，これらの実習生が行う評価については，第2節で詳しく触れる。

(2) 実習校の指導教員が行う評価

　本節の冒頭で触れたように，教育実習の評価といえば，実習校の指導教員が実習生を評価することが思い浮かぶ。しかし，実習生が行う評価と同じように，細かく見ていくといくつかの種類があることがわかる。

① 実習生の授業における児童・生徒の学習評価

　第一は，授業実践の責任者として行う学習評価である。これも「教育実習の評価」とは文脈が異なるものであるが，授業を担当した実習生が行う学習評価が妥当なものであるかどうかを判断するうえで重要であることは言うまでもない。自身が授業を行っているときと同様に，児童・生徒の学習状況を把握することになるが，自身が授業を担当していないことから普段とは異なる視点で捉えることができる可能性がある。さらに，実習生が行った学習評価と比較することで，指導教員自身の授業実践を俯瞰的に捉え，自身の授業改善につながる可能性もある。

② 実習生の授業評価

　第二は，実習生の授業についての評価である。指導内容と指導方法とに大きく分けて着目することが一般的であろう。前者については，教材研究の段

階を含めて内容についての理解が十分であるか，適切な教材や資料等を準備することができたかなどがポイントとなる。後者については，発問や説明，板書，演示などがわかりやすいものとなっているか，児童・生徒の実態や状況に応じたやりとりができているかなどがポイントとなる。この評価に基づいて，授業後にアドバイスを行ったり，実習日誌にコメントを付したりすることで，実習生に授業改善の具体的な手立てを示すことになる。教育実習期間中，もっとも一般的な「教育実習の評価」にあたるものといえる。

③ 教育実習全体についての評価

　第三は，教育実習の取り組み全体についての評価である。このことについては，実習生が教職に対してどのように向き合っているか，その意欲や態度の面が重く見られることが多い。事前指導において「教育実習に臨む心得」が示され，清潔感のある身だしなみや時間厳守などの基本的事項から，公正・公平や法令遵守などの使命感・責任感に関わる事項まで強調されていることと一体をなす形である。初めて教壇に立つのだから上手に授業ができないのは当然であるが，意欲的に教育活動に取り組む態度や心構えが感じられないのは問題であると考える指導教員が多い[2] ことからも明らかである。そして，この評価が実習校から大学に報告され，大学での単位認定につながっている。

(3) 大学教員が行う評価

　教育実習は大学で単位認定する教職科目の一つであるが，実際の指導や評価については実習校にその多くを任せている。このことについては「丸投げ」と称されることもあり，これまでしばしば課題として指摘されてきた。

　大学の指導教員（または実習連絡教員）が実習校と密に連絡をとり，事前の打合せや実習期間中の訪問指導等を行うことが求められていることは言うまでもない。4年間にわたる教職課程全体のカリキュラムを踏まえて，教育実習の評価にあたることができるのは，大学教員のみである。その意味で，大学教員は実習中の訪問指導を複数回行い，実習生の授業を観察することが必要であろう。このことを前提として，以下に整理する。

① 実習生の授業評価

　第一は，実習生の授業についての評価である。実習校の指導教員の視点と同様，指導内容と指導方法とに大きく分けて着目することが一般的であろう。大学教員の場合，校種や教科が専門外であることも少なくない（教員養成系の大学・学部であっても，すべての教員が教員免許を持っているとは限らない）が，実習校の指導教員とは異なる立場でその授業を捉えることに意味がある。この評価についても，授業後に実習生に伝えるようにし，授業改善につながるようにすることが大切である。

② 教育実習全体についての評価

　第二は，これも実習校の指導教員が行うものと同じように，教育実習の取り組み全体についての評価である。実習期間中のすべてを見ているわけではないが，「事前・事後の指導」と関連づけて，実習生の変容を把握することがポイントとなる。これらの評価と実習日誌の記述，実習校が作成した報告書などに基づいて大学として評定を決め，単位認定をすることになる。

③ 大学の学内組織による実習全体の評価

　第三は，大学教員個人が行うものではなく，教育実習の運営と指導を所管する組織（教職課程会議や教育実習委員会のような学内組織）が行う評価である。実習中や実習後に集約される情報[3]をもとに，その年度の教育実習全体の成果と課題を整理することが想定される。そこから，教職課程においてより良い教育実習のあり方を探っていくことがポイントとなる。

　以上述べてきたように，教育実習に関する評価は多岐にわたる。共通するのは，実習生や教員，組織にとって，それぞれの取り組みを改善するためという点である。ともすると，それぞれの教育実習が無事に終わるか，単位認定ができるかどうかばかりに目がいきがちであるが，これらの評価を行うことによって不断に改善を続けていくことが大切であろう。このことが，学び続ける教師を育成することにつながっていくことを期待したい。

［矢嶋　昭雄］

第2節　実習生が自ら行うまとめ・評価・振り返り

　本節では，実習生が自ら行う評価としてのまとめや振り返りについて具体的にみてみよう。

1. 日々のまとめ（反省会・実習日誌）

(1) 反省会

　一日の反省会には，学級や学年に配当されている実習生の人数によって，指導教員と個別に行うもの，他の実習生も交えて行うもの，また学年の教員や学校全体の教員と行うもの等がある。ここでは，授業をめぐる反省会において留意することを述べる。

① 授業者になった時の自評

　本時の授業について，自分がねらいとしたことや，特に注意して行った点を端的に話す。例えば，課題がもてるような工夫，板書構成，子どもの意見の聞き方，困っている子どもへの対応等である。そして，自分が意見をもらいたい点を述べる。

② 参観者になった時の質問・意見・感想

　授業を見せてもらったことに感謝するとともに，よい所を見つけようとする謙虚な姿勢で発言する。気になった点については，代案を添えて述べるようにする。授業を見せてもらったのだから，参観者全員が必ず一言は，感想や意見を言うように努力したい。

③ 授業者の振り返り

　反省会の最後には，授業者が参観者から意見をもらったことへの感謝とともに，協議を通して学んだことを話す。時間的な制約から意見を聞くことができなかった教員がいた場合には，後でその教員を訪ねて意見を聞かせてもらうようにしたい。

(2) 実習日誌

①「私の教育実習の物語」を

　一人ひとりの子どもからの発見，自分の授業の成果と課題，改善案，心に響いた指導教員からの助言など，教育実習の場は，書くことの宝庫である。その中から，「このことはぜひ書き残したい」ということを選び，綴っていく。書くことを通して自分の考えを明確にする。自分の学びを価値づける。新たなめあてを発見していく。教育実習日誌を書くことには，このような意味がある。

　それだけではない。日々綴られた教育実習日誌は，教育実践のベース基地となる。「教育実習の時の問題意識を，今も変わらず持ち続けているのだ」「今では，もう少し冷静に子どものことを見ることができると思う」。このように，時を経て見返してみると，変わらないもの，変わったものに気づいたり，初心に帰ったようで，新たな気持ちになったりすることもある。教育実習日誌に，このような「私の教育実習の物語」をぜひ刻んでいってほしい。

② 教育実習日誌を書く時のポイント

　以下に，日誌を書く時のポイントを述べる。

・事実と考察をセットにして書く，焦点化して書く

　事実を並べるだけではなく，事実と考察をセットにして書くこと，自分の研究テーマに焦点化して書くこと等を意識していく。

・批判で終わるのではなく，改善案も添えて書く

　学級には気になることもあるが，その批判だけを書いて終わっていては，思考停止状態である。縁があって出会った学級の子どもと指導教員である。その学級に，自分がどのような力になれるのか，なりたいのか。「自分は，こんなふうに取り組んでいきたい」という抱負や改善案までも考えて書くことである。

・万年筆やボールペンなどインクを用いて，楷書で書く

　日誌は自分のために書くものであるが，それを読みコメントを添えてくれる指導教員の存在を忘れてはいけない。「読んでもらう」ことを考えれば，読みやすく，丁寧な文字で書くことを心がけていきたい。

　表4.1は，ある学生の教育実習で初めての授業をした日の日誌への記述と，指導教員のコメント（※）である。

表4.1　実習日誌　記述例

実習日誌
　　　　　　「子どもの発言を黒板に書く〜初めての授業」

　何度も家でイメージしながら練習した授業。私のやりたかったことは，とりあえず全部できたのですが，予想していなかったところでの反省点は多々ありました。特に，黒板に子ども達の感想を書く際，端的に，丁寧に書くことや，スピードを保つことばかりを意識してしまい，他のことに全く頭が回らなくなってしまいました。黒板の方を向いていると，子どもの姿が見えないために不安になり，子どもの方へ向き直ると，次にどう黒板に書くのかを考えてしまうといった繰り返しで，先生に言っていただいた返し方についての他，発言者以外の子どもの反応や，Sさん，Rさんの様子等には全く気づきませんでした。
　また，班長さんがノートを回収している時，I君が私の所へ来て，「ぞうのところでもう一個あったんだけど，ノートを持ってっちゃって書けなかった」と言い，心に残ったことを追加で述べてくれました。机間指導の際，白紙でいたI君に「どの動物が一番面白かった？」という質問をしたこともあって，積極的に話しに来てくれたことが大変うれしかったです。

　※I君の姿，うれしいですね。あなたの言葉によって，お話に立ち返り，想像をふくらませたのでしょう。一人ひとりの発言のどの言葉こそ，黒板に書いてあげるか。教師が「よく聴く」ことが求められます。そして，この言葉が授業のどこにつながっていくのかについても考えながら……。次回も，挑戦していってください。

2. 全体のまとめ（資料の整理・レポート）

(1) 資料の整理

　教育実習では，実習日誌とともに，学習指導案，授業で使った資料，授業の記録，協議会の記録等がプリントアウトされることであろう。これらを分類整理して，実習日誌とともに綴じこんでおくことが大切である。必要に応じて，タイトルを記したタックシールを貼り付けたり，目次を付けたりしてファイリングしてみることもよいであろう。

　実習日誌の項でも述べたが，このような成果物は，「私の教育実践のベー

ス基地」となる。また，このような作業を通して，教育実習を振り返ることができ，その成果や課題も明確になってくるのである。

(2) レポート

実習校や指導教員から「教育実習を振り返っての成果と課題」等のレポートや，「学級の一人一人の子どもについて気づいたことをまとめる」等の課題が出されることもある。しかし，課題が出されなくても，自身で教育実習の成果と課題についてぜひ文章化しておきたいものである。以下の実習生は，事前に立てた研究テーマと関わらせて，今後の課題を引き出している。

> 今後の課題は，子どもの意見や反応を拾いながら進めていける授業である。「子どもの相互的なかかわりが大切」とした事前のレポートに加え，そのような場をつくるためにも，教師が子どもから出てきた意見をどう拾い，どう扱うかが肝心だということを学んだ。まずは，教師が一人ひとりを受けとめること。これは大きな課題となって残ったが，これから先，努力していきたい。

3. 自己評価 (中間評価・最終評価)

自己評価とは，実習生自身が，教育実習における成果と課題について見つめ，それを自覚し，次へのめあてを明確にすることである。このことは，一人の自律した教師になっていく過程として，とても大切な経験である。

表4.2は，東京学芸大学で実習生が自己評価に活用するものである。教育実習で期待されるⅠからⅤの項目に照らして，まず教育実習期間の中間地点で実施し，成果と課題を明確にする。それを自覚して，後半の実習に臨んでいく。主な観点に空欄があるのは，実習生自身が自己評価項目を設定して取り組んでいくことも期待しているからである。そして，最終日に実施し，そこで明らかになった成果と課題が，大学での学びや次の教育実習につながっていくのである。

［櫻井　眞治］

表4.2　自己評価表

評価項目	主な観点	中間（　月　　日）	最終（　　月　　日）
Ⅰ 教材研究	1.　教科書等の分析・活用	5-4-3-2-1	5-4-3-2-1
	2.　学習指導要領および学校指導計画等の検討	5-4-3-2-1	5-4-3-2-1
	3.　興味・関心に応じた教材の開発・工夫	5-4-3-2-1	5-4-3-2-1
	4.　単元設定理由の明確化	5-4-3-2-1	5-4-3-2-1
	5.　教科内容に関する専門性	5-4-3-2-1	5-4-3-2-1
	6.	5-4-3-2-1	5-4-3-2-1
Ⅱ 指導計画 の立案	1.　本時の目標と評価の明確化	5-4-3-2-1	5-4-3-2-1
	2.　目標に応じた学習指導過程の構想	5-4-3-2-1	5-4-3-2-1
	3.　発問・助言等と反応予想の明確化	5-4-3-2-1	5-4-3-2-1
	4.　資料・教具・機器等の準備，板書計画等の立案	5-4-3-2-1	5-4-3-2-1
	5.	5-4-3-2-1	5-4-3-2-1
Ⅲ 学習指導 と評価	1.　音声・言語・文字等の明瞭さ，正確さ	5-4-3-2-1	5-4-3-2-1
	2.　受容的，応答的な姿勢	5-4-3-2-1	5-4-3-2-1
	3.　児童・生徒の反応への適切な対応	5-4-3-2-1	5-4-3-2-1
	4.　資料・教具・機器等の活用，効果的な板書	5-4-3-2-1	5-4-3-2-1
	5.　授業中および授業後の適切な評価活動	5-4-3-2-1	5-4-3-2-1
	6.	5-4-3-2-1	5-4-3-2-1
Ⅳ 生活指導 と児童・ 生徒理解	1.　生活場面での児童・生徒との関わり	5-4-3-2-1	5-4-3-2-1
	2.　学級指導および教室環境への配慮	5-4-3-2-1	5-4-3-2-1
	3.　観察に基づく個と集団の課題把握	5-4-3-2-1	5-4-3-2-1
	4.　道徳・特別活動への参加	5-4-3-2-1	5-4-3-2-1
	5.	5-4-3-2-1	5-4-3-2-1
Ⅴ 勤務態度 と実習へ の意欲	1.　出勤の状況（無断欠勤，遅刻等）	5-4-3-2-1	5-4-3-2-1
	2.　指導案・日誌等提出物の提出状況	5-4-3-2-1	5-4-3-2-1
	3.　協同的な姿勢・コミュニケーション力	5-4-3-2-1	5-4-3-2-1
	4.　人権等への配慮と規範意識	5-4-3-2-1	5-4-3-2-1
	5.	5-4-3-2-1	5-4-3-2-1
成果 　と課題 ＊箇条的に 簡潔に記入	（中間）	（最終）	

（出所）東京学芸大学

第3節　指導教員，実習校による評価項目の事例

　本節では，指導教員・実習校が評価を実施する際の項目について述べる。指導教員，実習校は，観点を基にして各評価項目を点数化（3段階，5段階）する。そして，その合計点を参考にして総合評価を行う。

　また，前節で述べたように，実習生には評価項目を事前に提示し，教育実習において期待されていることを自己評価しつつ取り組めるように配慮している。

1.　東京学芸大学の例

　東京学芸大学の「教育実習成績報告書」は，表4.2で示した「自己評価表」に準じており，大項目ⅠからⅤを柱として，それぞれの大項目に小項目が設けられている。個々の教育実習の特性や実習校・園の実態に応じて，小項目を加えることも認められている。

　具体的には，大項目Ⅰ「教材研究」では，「教科書等の分析・活用」「学習指導要領および学校指導計画等の検討」「興味・関心に応じた教材の開発・工夫」「単元設定理由の明確化」「教科内容に関する専門性」という5つの小項目が設けられている。大項目Ⅱ「指導計画の立案」では，「本時の目標と評価の明確化」「目標に応じた学習指導過程の構想」「発問・助言等と反応予想の明確化」「資料・教具・機器等の準備，板書計画等の立案」という4つの小項目が設けられている。大項目Ⅲ「学習指導と評価」では，「音声・言語・文字等の明瞭さ，正確さ」「受容的，応答的な姿勢」「児童・生徒の反応への適切な対応」「資料・教具・機器等の活用，効果的な板書」「授業中および授業後の適切な評価活動」という5つの小項目が設けられている。大項目Ⅳ「生活指導と児童・生徒理解」では，「生活場面での児童・生徒との関わり」「学級指導および教室環境への配慮」「観察に基づく個と集団の課題把握」「道徳・特別活動への参加」という4つの小項目が設けられている。大項目Ⅴ「勤務態度と実習への意欲」では，「出勤の状況（無断欠勤，遅刻等）」「指

導案・日誌等提出物の提出状況」「協同的な姿勢・コミュニケーション力」「人権等への配慮と規範意識」という4つの小項目が設けられている。

　成績を総括する際には，小項目ごとに評価を行い，優れた項目には○，劣る項目には△，評価できなかった項目には×を記入し，それ以外は空欄のままとする。小項目ごとの評価を手がかりにしながら大項目ごとに5段階評定を行う。その際，○のみの場合は4または5となり，△のみの場合は2または1となり，空欄のままであれば3とすることを基本としている。○と△が混在する場合は，その状況によって判断する。5つの大項目の評定の合計点を算出し，25から21であればS，20から15であればA，14から12であればB，11から10であればC，9から5であればFとすることを基本としているが，最終的には教育実習生のようすを総合的に捉え，成績を決定することとしている。特に必修の実習で成績がCとなった場合は，それ以後の選択の実習や副免許の実習に参加する権利を失う。また，Fは不合格である。5つの大項目のうち，Vの「勤務態度と実習への意欲」は教員としての資質に大きく関わるところであり，この項目で評定が1となった場合は成績をFとすることを基本としている。

　教育実習における評価は，学校現場における一般的な評価活動と同様，一時的に表出された学生のすがたを総括的な評価とするのではなく，形成的な評価を通して指導を繰り返しながら総括的な評価を行うことが望ましい。教育実習の過程で課題がある学生については，複数の目で学生の状況を把握し，解決の方策を検討したい。ただし，社会における教職の重要性を考えれば，十分な指導を行ったうえで，学生の力量の向上が認められなかったり，勤務態度の改善が進まなかったりした場合には，厳しい評価となることもやむをえないところであろう。

　東京学芸大学は幼稚園1園（2園舎），小学校4校，中学校3校，高等学校1校，中等教育学校1校，特別支援学校1校と，多くの学校・園を有している。学内には教育実習実施部会が組織されており，大学教員および附属学校・園の実習担当教員相互の共通理解をはかる場となっている。評価についても具体的な課題や評価事例をあげながら，共通理解をはかることができる

ように努めている。

2.　東京都教育委員会の例

　東京都教育委員会は，2018（平成30）年に「東京都教職課程カリキュラム」を策定した。その背景には，若手教員の育成が喫緊の課題となっていることがあり，授業づくりや学級経営，教育課題に対応する資質・能力の素地を「養成」段階から身につけなければならないとしている。以下，**表4.3**に「東京都教職課程カリキュラム」の中で例示された「教育実習成績評価票（例）」を示す。評価について，教員の在り方，実践的な指導力，教育課題，学級経営の4領域に分け，9つの評価項目を示し，それぞれの項目についての具体的な姿を示している。

表4.3　東京都教育委員会　「教育実習成績評価票（例）」

【領域1】教員の在り方
(1) 使命感と豊かな人間性と教員として必要な教養
　①児童・生徒一人一人の実態や状況を把握し，児童・生徒のよさや可能性を引き出し伸ばすために，児童・生徒と積極的に関わっている。
　②教師に求められる常識を身に付けている。
(2) コミュニケーション能力と対人関係力
　①管理職をはじめとする，教職員とコミュニケーションを積極的に図ることができる能力を身に付けている。
　②児童・生徒と適切な言葉遣いや話しやすい態度で接することができる。
(3) 学校組織の一員としての役割と服務の厳正
　①学級担任の職務内容や校務分掌について理解し，管理職等に必要な報告，連絡等を適切に行うことができる。
　②法令を遵守する態度を身に付けている。
【領域2】実践的な指導力
(4) 学習指導要領の理解と授業づくり
　①学習指導要領の各教科等の目標や内容を踏まえて学習指導案を工夫している。
　②授業準備のための教材研究・教材解釈ができ，児童・生徒の実態に即した授業づくりを実践している。
(5) 単元指導計画の作成と指導方法・指導技術
　①単元指導計画に基づき，実践する授業の指導目標と指導内容，評価規準，

指導観等を踏まえた学習指導案を作成することができる。

②授業の場面において児童・生徒の実態と教科の特性に応じた指導方法や指導技術（発問，板書，説明等）を身に付けている。

(6) 児童・生徒の学習状況の把握と授業改善

①学習指導における評価の意義について理解し，授業中の児童・生徒の学習状況の把握や個別指導等を工夫することができる。

②授業研究後に授業を振り返り，課題を整理し授業改善を進んで実践している。

【領域3】教育課題

(7) 多様な教育課題の理解及び対応力

①多様な教育課題の現状を理解するとともに，児童・生徒や学校，社会が直面する課題への対応力を身に付けている。

②通常の学級に在籍する，支援を要する児童・生徒へ積極的に関わり，指導している。

【領域4】学級経営

(8) 学級経営と集団の把握・生活指導

①学級の規範づくりや教室の環境構成，清掃指導，給食指導等を積極的に行っている。

②状況に応じて適時に的確な判断を行い，教師として毅然とした態度をとり，適切にほめたり，叱ったりすることができる。

(9) 児童・生徒理解と教育相談・保護者との連携

①カウンセリングマインドや教育相談の基本的な技法を踏まえて児童・生徒に接している。

②保護者や地域住民等と連携して，学校の教育力を高めていることを理解している。

(出所) 東京都教職課程カリキュラム　平成29年10月　東京都教育委員会

3. 二つの事例から

　二つの事例の評価項目は多くの部分で共通している。教員として求められる使命感，責任感，対人関係等の資質・能力については，東京学芸大学では主に大項目の勤務態度に表れており，児童・生徒とのコミュニケーションに関わるものについては，学習指導や生活指導の項目の中に示されている。東京都教育委員会では「教員の在り方」の領域を特に設けている。学習指導については，学習指導要領の理解，指導計画，目標設定，教材研究，授業の実

践，指導技術，評価と改善等に関する項目があげられ，学級経営，生活指導については，児童・生徒の理解，学級づくり，児童・生徒への受容的な姿勢等があげられている。

　一方，特徴的な点として，東京学芸大学は教材内容の専門性をあげており，学習指導を支える専門性を備えていることに注目している。また，東京都教育委員会は校務分掌，保護者や地域住民等と連携や多様な教育課題の理解と対応力に言及している。広く教員の業務や学校現場の抱える諸課題についての理解とそれらへの対応についての知見の深まりを期待していることがわかる。

[宮内　卓也]

● **考えてみよう！**

▶　教育実習の評価において，どのような観点が重要か考えてみよう。

▶　教育実習の評価，ふりかえりの意義はあるか考えてみよう。

● **注**

1)「教育実習成績報告書」や「教育実習評価表」等と呼ばれる書類はそれぞれの大学が策定した様式を予め実習校に送り，記入作成を依頼することが一般的である。一部には，独自の様式を用意している自治体もある。例えば，東京都教育委員会は 2017 年 10 月に「東京都教職課程カリキュラム」を策定し，その中に「教育実習成績評価票（例）」が掲載されている。その詳細は第3節を参照。

2)　例えば，以下の論文参照。西川潔・堀田千絵・宮野安治・馬野範雄（2019）「小学校の教育実習において学生が培う力とは　―全国の小学校教員，教員を目指す大学生を対象とした調査結果から―」『人間環境学研究』17 巻 1 号：3-10

3)　注1）でも述べた「東京都教職課程カリキュラム」には，教育実習における大学の取り組みに関する評価として「教育実習評価票（例）」が掲載されている。そこでは評価項目として「(1) 大学との事前打合せ，(2) 実習生との事前打合せ，(3) 教育実習中の指導，(4) 研究授業等への指導」があげられ，それぞれ 5 段階で評価するようになっている。

▶ 原　点

　「私は今日の授業の感動を一生忘れないだろう」何気なく学生時代の実習日誌を開くと，このような言葉が目に入ってきた。当時の私はこのような熱い言葉が出てくるほど，教育実習というものに熱を帯び本気で向かっていたのかということが思い出される。このような情熱をもたせる鮮烈な出会いと奮闘が，その3週間には詰まっていた。

授業をつくる

　学生時代に模擬授業を何回か行ったことがあった。学習指導案を課題として何度も作成してきた。しかし，本物の子どもたちを目の前に，その自信はあっけなく崩れ去り，自分をさらに面白い次元へ引き上げてくれた。私は社会科の単元を研究授業で行うことになり，どうせなら自作の資料や自分の足で稼いだもので戦いたいと意気込んでいた。毎日のように文京区を練り歩き，週末には教材研究のために指導教員に頼んで（今となっては迷惑な話だが）教室を開けてもらったこともあった。多くの時間をかけて作成した教材に満足する間もなく，子どもたちは反応を返してくる。授業は生き物だ。こちらが投げかけても，壁に当たったようにまっすぐには絶対返ってこない。打ち返す，見送る，キャッチしたまま返ってこないと，子どもによって反応はさまざまだ。だからこそ夢中になれた。そして，期待した反応が返ってくると嬉しかった。授業をつくるのは自分のためではない，すべて子どもたちのためだと初めて感じた。

この子に響く授業

　私は実習中追いかけた一人の子がいる。静かな子だった。どこか自分を押し殺して過ごしている様子が，ひしひしと伝わってきた。私は悲しい気持ちで仕方がなかった。そして，この子が少しでも楽しさを感じたり，自分から心動いたりするものが私につくれないかと，強く願った。それからはその子の観察や支援をひたすらに考え，振り返った。一人の子に対してそこまで手立てを考える必要があるのかと，仲間から言われることもあった。しかし教育実習生だからこそできるわがままがあるのではと，その子の変容を願っていた。本質的な姿とは言えないのかもしれないが，研究授業の日，その子はクラスの中でも2番目に長い学習感想を書いてきた。涙が出た。「問いの前で子どもが平等でいられる」そんな問いをめざしながらも，その子がスタートラインに立つ支援に私は感動を覚えるほど，希望をもっている。間違いのない私の原点だ。

　教師として社会に出て5年が経過しようとしている。日々の授業に情熱をもっているか。過去の自分に負けないようにこれからも子どもと向き合っていく。

［江戸川区立東葛西小学校・鈴木　岳］

第2部

教育実習の実際

第5章

教育実習事前準備
―実習校の子どもたちと実習生の姿―

● 本章のねらい ●

　子どものいる教育実習校だからこそできることは，実地での指導である。第2部では実習校での実践を現職校長，教員からのメッセージとして紹介していくが，本章では，実際の教育実習にむけての心構え，実習にあたっての大切な意識・要素・捉え方などについて具体的に理解を深める。

　いよいよ初めての教育実習に臨むことになる学生たち。「楽しみだ！」「3週間できるかどうか，心配だ！」このような思いをもって臨んでいることであろう。そこで，3週間の教育実習のイメージをもてるようにすること，そのために，実習校での実践を学ぶことで，少しでも前向きな気持ちになって教育実習にのぞんでほしい。本章につづく第2部の各章では，実習校の校長，現職教員からの声を紹介していく。

　その事前準備として，本章では，教育実習にのぞむにあたっての心構えについて述べていこう。

第1節　よりよい教育実習のために意識していくこと
――教育実習の心得

「教育実習の心得」として，以下の5つのことについて見直してみてほしい。

① 実習生であるとともに，教師であることを自覚して

　教育実習生として，実習校に入るにあたっては，自身の言動がよい意味でも悪い意味でも子どもたちに影響を与えることを考えなければならない。例えば，実習生の言葉づかいによって，子どもたちの言葉が粗くなる。その結果，人間関係によくない影響を与えるということもある。教育実習においては，自分は教師であるということを自覚し，その言動に配慮していきたい。

② 通勤途中における行動

　実習校内では，教師として緊張した態度を取っているが，「実習校の外では，ついほっとして」教師らしからぬ行動をとってしまうということもあるのではないだろうか。

　例えば，通勤途中のバスや電車の車内での態度はどうであるのか。また，退勤時に校門を出てすぐにスマートフォンを見ながら歩き，周りに気を配らなくなるようなことはないか（歩きスマホは事故にもつながりかねないので絶対にやめてほしい）。そして，そういった行動が，地域の人たちからどのように見られているのかということまでも考えてほしいのである。

③ 学校・子どもの情報の保護管理の徹底，子どもと個人的なかかわりをもたない

　まず，学校や子どもの個人情報の置き忘れ，紛失への注意が必要である。どのようなものが問題になるのであろうか。教育実習日誌，座席表，子どもの作品，ノートパソコン，USB 等もある。また，個人情報をツイッターやフェイスブック等でインターネット上に公開すること，メール等で子どもと個人的に連絡を取り合うことは，絶対にしてはならない。

　しかし，事故を起こしてしまった実習生から，「ついうっかりして……」「このくらいであればよいと思っていた……」という声を聞くこともある。もしも事故を起こしてしまうと，そのことによって，この先にどのようなことが起こるのか，どのような人がその解決のために動くのか，起こした自分はどうなるのか等を想像し，どうすれば防止できるのかを，この機会にぜひ考えてほしい。

④ ハラスメント

　「これは，人権を侵害するような指導教員の指導である」「放任であり，こ

ちらが求めていっても全く指導してくれない」と感じたことがあったら，大学に連絡してほしい。事実を調査し，実習校に改善を求めていきたい。

　一方で，実習生が子どもを指導する際にも「行き過ぎた指導」はないのかどうかについて考えていく必要がある。子どもはとんでもないことをすることもあるが，そこは人生の先輩として一呼吸。子どもの人権に配慮した指導を心がけていくことである。

　以上，③の情報管理および④のハラスメントについては，詳しくは第8章第2節および第3節を参照してほしい。

⑤ 就職活動・部活動による欠勤

　教育実習には全日数の出勤が求められるが，実習生の就職活動や部活動を行う権利に配慮する必要もある。実習期間に，就職試験が重なった場合や，部活動で全国レベルの大会等に出場する場合は，大学の指導教員を通して教育実習校に，相談，依頼することが求められる。

第2節　教育実習校の子どもと実習生

1. 子どもの教育実習生への思いとエピソード

子どもの教育実習生への思いの キーワード
① 早く先生の名前を覚え仲良くなる！ ② たくさん遊べる！ ③ 担任の先生にはない授業！ ④ 出会いによって変わる！ ⑤ 探りたい，試したい！

　学生たちにとっては，教育実習校の子どもの実態はどのようであるか，教育実習生のことをどのように見ているのか，はたして，よりよい関係をつくれるのか等に問題関心や不安があるかもしれない。

　左の①から⑤は，小学校の子どもたちの教育実習生への思いのキーワードである。

　①の「早く先生の名前を覚え仲良くなる！」については，教育実習オリエンテーションでの配当学級の子どもへの自己紹介の際に，メモ帳を取り出し実習生の名前を書き取っている子どもの姿が見られることがある。この子どもはきっと，家でも，「今度，こういう実習の先生が来るよ！」と家族に話

しているのであろう。

　②の「たくさん遊べる！」については，「休み時間に，先生遊ぼう！」と楽しみにしている子どもたちがたくさんいる。実習生が鬼で，子ども全員が逃げるという鬼遊びもある。体力勝負である。そして，子どもと泥んこになり，水を飲んで，さあ次の授業だ。これが，小学校のくらしである。

　③の「担任の先生にはない授業！」も，子どもの楽しみの表れである。「あの実習の先生は，大学で体育を勉強しているんだって。体育の時間が楽しみだな」「あの先生は，理科を勉強しているんだ。どんな実験をするのだろう」実習生の初めての授業では，「これから，〇〇先生の授業を始めます」という日直の挨拶の後に，「〇〇先生，頑張れ！」と子どもから声援が飛ぶこともある。

　このように，①から③についてのエピソードからは，子どもの実習生への期待がひしひしと伝わってくる。

　④の「出会いによって変わる！」は，実習生との出会いで子どもが変わることがあるということである。ある教員によるエピソードを紹介しよう。

〈出会いによって変わる〉

　私が1年生を担任していた1学期。一人の女の子のことが気になっていました。登校はできるものの，中休みになると，涙が溢れてきてしまい，家に帰りたいと訴えるのです。保護者，養護教諭とも相談しましたが，何が原因なのかはっきりしません。そこで，この子には無理をさせず，その要求に応じ，見守っていこうとしていました。9月になり教育実習が始まりました。

　一人の女子実習生は，子どもたちを毎朝教室で迎えます。「おはよう！」と元気な声。大きく両腕を広げて。子どもがその両腕の中に飛び込んでいきます。一人，二人，三人と……。そして，休み時間も，この実習生には，子どもが「鈴なり」状態だったのです。すると，あの女の子も，その実習生に飛びついているではありませんか！　この実習生との出会いによって，自分を解放できるようになったのでしょう。もちろん，涙を流すことも，なくなったのです。

　この話を実習前の学生たちにすると，「私たち実習生も，子どもの力になれるのですね！」という声が返ってきた。そのとおりである。学級担任一人では，支え切れなかったこの子が変わっていくきっかけを，一人の実習生と

の出会いが生み出したのである。教室には，さまざまな思いをもっている，抱えている子どもがいる。一人の教育実習生が，一人ひとりの子どもと出会うことには，このような可能性があるのである。みなさんの行く教室には，変わるきっかけを待っている子どもがいるかもしれない。いや，きっといるのである。

　⑤の「探りたい，試したい！」子どもも，確かにいる。「また，実習生が来たの？」と冷たく言ってみたり，担任とは違う実習生だからこそ，少し無理なことを言ってみたり，やったりして，反応を見ていることもある。どの子どもともよい関係を築きたい（どの子どもからも好かれたい）と思っている実習生には，ショックなことがあることと思う。しかし，そういう言動を取る子どもの根っこにも，「出会いを楽しみにし，仲良くなりたい」があるのである。ただ，表現の仕方が，変化球なのである。だからこそ，この子がどのように変わっていくのか見続け，働きかけ続けることを大切にしていってほしい。

2. 担当する授業をめぐって

　たいていの実習校では，小学校の場合であれば，国語と算数の授業は必ず行い，それに加えて自分の選修教科の授業や他の教科領域の授業を行う。

　可能であれば，普通教室ではない場所で実施する授業もぜひ経験するとよい。理科室，音楽室，図工室，家庭科室，体育館，校庭等での授業である。普通教室での授業とは，子どもの様子が変わる。また，広い場所，机椅子のない所で，どのように子どもの活動を支えるのか。指示を届かせることができるのか。子どもの学びの様子を捉えることができるのか。このようなことへの挑戦は，とてもよい経験となる。

　また，思い入れをもって準備した授業であっても，授業冒頭のある子どもの発言「ああ，それ知っている！」「もう，○○で習ったよ！」で，愕然としてしまうことがあるかもしれない。し

ゲームを通した大きな数の学習

かし，それでめげてはいけない。公式
は知っていても，それがどのようなプ
ロセスを経て導き出されたのかが腑に
落ちていない場合もある。つまり，「知
っている」の質が問題なのである。

学級には，習い事で先取り学習をし
ている子どももいれば，初めて学ぶ子

命について考える道徳授業

どももいる。だからこそ，そのプロセスがわかる，体験を通してわかるとい
うことを大切にして，授業を考え実践してほしい。初めて学ぶ子どもからは
もちろんのこと，すでに習っていた子どもからも，「なるほど！こういう訳
でこの公式が引き出されたのだ！」という声が聞かれれば，とても嬉しいこ
とではないか。

3. MY 授業記録を取って，授業を観る

　第1部でも学んだように，教育実習においては，授業記録を取って授業を
観ることをぜひ勧めたい。右は，私の取った授業記録であるが，決まった形
式はないので，自分なりに工夫し，自
分に合うものを見つけていってほしい。
大事なことは，漠然と授業を見ている
のではなく，「これは，書いておきたい。
書かなければ」と感じた，子どもと教
師の言葉や表情，提示された資料，子
どもの作品等を，手で刻んで「観る」
ことである。そして，授業記録によか
ったこと，気になったこと，改善案等
を色分けして書き込んでいく。

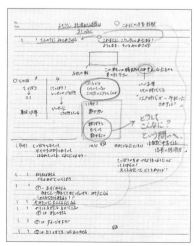

　放課後には，一人ひとりが記録，考
察したことを基にして，子どもの姿や
教師の働きかけ等について話し合って

手書きの授業記録

みると，さまざまな視点や捉え方の違いが表れ，ひとつの授業がより深く見えてくる。この経験は，自分が授業者として授業を構想する時，授業を実践する時に，より広い視野を与えるものとなっていく。そのためにも，一人ひとりが「MY授業記録」をつくっていくことである。

4. 先輩の教育実習映像から学ぶ

　大学での事前講義において「教育実習」（ビデオ教材）（櫻井・橋本 2014）を25分間視聴し，心に残ったこと，疑問，改善案等を出し合って，それを受けて私もコメントしていった際の模様をお伝えしよう。

「教育実習」ビデオの概要
・全校集会での実習生の紹介 ・各教科，生活指導，特別活動等の指導講話 ・指導教員の授業を観察する ・模擬授業と協議，指導教員の助言 ・初めての授業と放課後の振り返り ・再度同じ単元の授業に挑戦する ・子どもとのお別れ会

　この映像は，教育実習にのぞむある女子実習生と仲間との3週間の記録である。その概要は，左記のように構成されている。また，指導教員からも初めての教育実習の意味や，求めている授業とはどのようなものなのかという授業観についても，語られる場面がある。

　以下の①～⑤は，視聴した後に，学生たちから出された感想や意見である。

①　子どもたちの受けとめる様子を見て，教育実習が楽しみになってきた。
②　夜，校舎のほとんどの教室に電気が灯っていたが，どのくらいで退勤できるのだろう？
③　映像のように，同じ学級に配当された仲間とよりよいチームワークをつくって教育実習が進められるようにしたい。
④　初めての授業と再度同じ単元の授業に挑戦したことの間が映像になかった。子どもたちの作品がどのような指導で変化していったのかを知りたい。
⑤　たいへんであると思うが，私も一人ひとりの子どもに何かを届けたい。

　②の「退勤時刻」については，現在の「働き方改革」の流れにあって，実習校では教育実習生の退勤時刻を定めている。ただ，仕事が進んでいなければその分を，実習校を出てからやらなければならないのである。

　③の「仲間とのチームワーク」は，複数人が実習校に配置された場合に限られるが，教育実習の質を高めるためには，とても大切なことである。ただ，「何でもチームで」ということに陥ってしまうと，時間がかかってしまい，②の退勤時刻に関わってくることになる。したがって，「このことは，個人で進めること」，「このことは，皆で検討する必要のあること。皆で一斉に取り組む必要のあること」をはっきりさせて取り組むとよい。

　④の「子どもの作品が変化した過程を知りたい」という意見には，「よく観ている！」と思った。25分間の中に3週間の様子を収めることへの限界もあるのだが，「変化した過程を」という観方は，教育実習においても大切にしてほしい。

　⑤の「一人ひとりの子どもに届けたい」は，お別れ会において，実習生が一人ひとりの子どもにメッセージを記した作品を渡す場面が印象に残ったからであろう。確かに何かを子どもたちに届けたいという気持ちもわかる。ただ，プレゼントを渡すことが主になってしまってはいけない。かつて，一人ひとりの子どもに渡すために，最終週に，授業準備もあるなか，寝る間も惜しんで作業をしていた実習生もいた。その思いは，とても素晴らしいが，何よりも大事なことは，学校で子どもたちと元気に過ごすことである。学校で眠い，身体が動かないということでは，本末転倒である。そのことを忘れないようにしたい。

　最後に，映像に登場した実習生が，今現在，教師になり，子どもと授業をしている姿を写真を提示して伝えていく。「ぐんと力を付けているな」と感じられる授業であったことも伝える。

　ここで視聴した教育実習の様子は，あくまでもひとつの事例である。教育実習校によってさまざま違いがあるので，各校の指導に従い，まずはやってみることである。

教師として生きる

　教育実習は，教師として生きること

につながっていく。初めての教育実習は，そこへの第1歩を刻む場なのである。

第3節　謙虚な気持ちで

1. 教育実習生を誰が担当するの？

　かつて私の勤めていた小学校に教育実習生が来ることになった。ところが，「誰が担当するのか」をめぐって，職員会議でもめたのである。「私は，家庭の事情で遅くまで残れないので，担当することができません」「私は，校内の仕事もたくさんあるので，さらに教育実習生の指導が加わるとなると，とてもたいへんです」。このような話が延々と続いた。当時，特別支援学級の担任であった私は，教育実習生の担当になることはできなかったが，話を聞いていて「これから教師をめざす若い人が来るのだから，誰か引き受けてあげてもいいのに！」と，職場の状況に憤りを覚えたものである。だがしかし，このようなエピソードは他の学校でもよくみられることなのではないだろうか。

　ここで考えてほしいのは，教育実習生を引き受けるということは，たいへんな労力であるということである。現在，学校では，主体的・対話的で深い学び，英語科の導入，道徳の教科化，プログラミング学習，そして働き方改革等多くの課題に取り組んでいる。そのような中で引き受けていただいたのだ，教育実習ができるのだという感謝の気持ちをもつこと。このような謙虚な気持ちをもつことを，まず強調したい。

2. 挨拶，自ら動く

　謙虚な気持ちをもてば，校内の人に自分から挨拶する，気づいたことには自分から行動するという姿が出てくることであろう。教育実習では，配当された学級，学年だけではなく，「学校」に視野を広げて関わっていくことも大切である。学校には教員の他に，学校主事，事務職員，調理師などさまざ

まな職員が勤務している。必要な箇所を修理したり，給食を作ったり，子ど
もたちの登下校の安全を見守ったりして，子どもたちの過ごす環境を整えて
くれている人々である。そういった方々にも進んで声をかけていくことが大
切である。「つながりのできた主事さんに，研究授業の準備で助けていただ
きました」という実習生の声を聞くことがある。職場のさまざまな人々との
関係性の構築は，学校に限らず社会においてとても大切なことである。

3. その後の報告も忘れずに

　「○○に採用となりました」「大学院に進学し，○○というテーマで研究を
進めます」という教育実習生からの報告を，教育実習校の先生方は待ってい
る。しかし，「教育実習に来たあの人は，どうしているのかなあ？　連絡が
ないけれど……」という声を聞くこともよくある。学校をあげて受け入れ，
忙しい中で指導に関わったのだから，その後の進路が気になるのは当然のこ
とである。葉書1枚でよいと思う。その後の報告をぜひ大切にしてほしい。

第4節　自分のテーマを明確にして

1. 研究テーマをもって取り組む

　次にみる実習生は，小学校教育実習において，「板書構成，子ども理解と
授業づくり」という研究テーマをもって取り組んだ。
　この学校では，右の写真のように，ホワイトボードの真ん中に拡大投影が
できるようになっている。この自治体
では，どの学校のどの教室にもこのよ
うな装置が整えられている。この授業
は，小5国語で「新聞にはどのような
ことが書いてあるのか」ということを
見つけていくものであった。真ん中に
新聞記事を大きく投影し，その両側に

実習生の板書構成

発見したことを位置づけていくという構成にしていた。板書構成は，授業構成そのものであるといわれる。この実習生は，板書構成を通して，授業構成を追究していったのである。ICT を活用した授業ということもいえる。

　もうひとつの「子ども理解と授業づくり」は，どうだったのであろうか？

　私の担当学級には，考えは持っているけれど，なかなか発言することのできない子どもがいました。この子のことが気になったので，この子が自ら発言してくるような授業はできないものかと，いつも考えて取り組んでいたのです。そこで，「漢字のつくり」について学ぶ授業において，教材とする漢字をその子の名前にある漢字から選んでみました。

　この子は，どのような反応をするのでしょうか？……すると，その子の表情がパッと明るくなり，自ら挙手，発言もできたのです。その子の姿がとても嬉しかったです。

　この子の成長を願って，授業を構想し実践していく「子ども理解と授業づくり」。さて，みなさんの研究テーマは，どのようなものであろうか？

　この実習生は，実は，この実習が2回目である。複層型の実習制度において3年次に附属校にて必修の教育実習を経験している。したがって，研究テーマ設定にあたっては，まず3年次の必修教育実習のことを教育実習日誌や自己評価票等から振り返った。そして，教育実習を行う自治体において，どのようなことが期待されているのかということも加味してテーマを設定した。例えば，東京都の評価票には，3年次の必修教育実習と異なる項目として，「組織的な対応」「特別支援」というキーワードも見られる。このようなことも踏まえて，あなたの研究テーマを設定していってほしい。

2.「私だからこそ」ということを

(1) 自分の得意なこと，強み，興味を子どもたちにひらく

　あなたの得意なこと，強み，興味には，どのようなことがあるだろうか？

　ぜひ，「私だからこそ」ということを，子どもたちとの授業で，生活で，刻んできてほしいと思う。ある実習生は，大学で詩の研究をしていたが，お気に入りの詩を，毎朝子どもたちと一緒に読むということを続けた。続けて

いると，子どもたちの構えが変わってくる。登校して来る時に，「○○先生は，今日はどんな詩を読んでくれるのだろう？　楽しみだな」と。このようなことは，その実習生が来たからこそ，子どもたちと出会ったからこそのプレゼントといえるのである。

(2) 授業を通して，学生から先生になる

　このような言葉を残した実習生もいた。教育実習で何が変化しましたか？心に残っていることは何ですか？等とインタビューをした時に出てきた言葉である。

> 　4年生のクラスを担当しました。腕白な男の子たちが居て，最初の頃は自分の指示を聞いてくれないことが続き，とても困っていました。しかし，授業を通して子どもたちとかかわるうちに，少しずつ子どもたちの様子が変化してきたのです。「学生が来た」と思っていたのが，「先生なんだな」と思ってくれるようになってきたのです。そして，最終日のお別れ会の時，大泣きをしていつまでも自分につかまって離れなかった子どもたち。それは，最初になかなか指示を聞いてくれなかった男の子たちだったのです。

　毎年実習生をたくさん受け入れているわけではない公立の実習校などでは，受け入れる児童・生徒の意識も多様である。「授業を通して，学生から先生になる」という経験ができたのであればなんと貴重なことだろう。

　このように，みなさんにも，それぞれに自分だけの経験ができるのである。みなさんの実習からは，どのような言葉が生まれるのであろうか。

活動を通して言葉を引き出す

第5節　未来につながる教育の経験をもつ

1．どのような問いにも応えることのできる教育の経験を

　「教育実習が終わると，すぐに採用試験だ。教職教養や小学校全科の対策に集中して取り組みたい時期なのに……」と思っている人もいることであろう。しかし，教育実習で出会った子どもの姿，学校での体験を基にその勢いをもって採用試験に向かってほしい。あなたが体験した，子どもが力を発揮しようとしている姿。子どものよい表情。自分が取り組もうとしたことと，その難しさのエピソードには，何よりの説得力がある。採用試験の論作文で，主体的・対話的で深い学びの実現，人権尊重，学力の向上等が問われても，このようなエピソードから綴ることができるのだ。

　このように，教育実習を通して，どのような問いが来ても，それに応えていくことのできる教育の経験をもつことである。

　面接試験でも同じである。私は学内で面接試験官をしたことがあるが，この人はどうも対策本で読んだことを組み合わせて話しているなと感じることがある。その言葉には，こちらに伝わってくるものが感じられない。一方で，「これはぐんと響いてくる」という言葉は，みなさんが苦労して取り組んだ体験を背景にした言葉なのである。教育実習を通して，このような事実をぜひつくり，現場感覚を身体に入れて採用試験に挑んでほしいと願っている。

2．つながりは自分でつくる

　みなさんが教育実習に取り組む姿を見ている人がいる。「あの人が，この学校に来てくれるといいなぁ」「あんな若者と一緒に働いてみたい」このように見ている管理職，先生方がいるのである。このような縁が採用につながるということもある。「実習前にボランティアに来て下さい」と言われることもあると思うが，実習後のプール指導，移動教室引率，学校行事への参加等も大切にしてほしい。「論作文を書いたら持っていらっしゃい。見てあげるよ」「面接指導をするから，いらっしゃい」と言ってくださる先生もいる

のである。このように「つながりは自分でつくっていく」のである。

　次は，ある管理職の先生に聞いたことである。その方は，採用試験の面接官でもある。面接では何を観ているのかということを話してくださった。それは，「この人は，学級を崩さないだろうか。たいへんなことがあっても持ちこたえられそうな人なのか」ということである。表に出る元気さということだけではなく，静かな中にも芯の強さが感じられるのかどうかということである。「学級を崩さない」，確かに初任の時はピンチの時もある。私も，危ないことがあったと思い出される。しかし，諦めないで粘れそうかどうか，持ちこたえられそうか，子どもたちにかかわり続けられそうかどうかということが期待されているのである。

3.　おわりに──「未来」に向かう子どもと教師の姿

　最後にこの写真のことをお話ししたい。このように，小学校で紅白幕が出てくる時は？　というと，入学式，周年行事，そして卒業式だと思う。そう，卒業式の場面である。

　ここに立っている先生は，大学時代に私の自主ゼミで学んでいた人，みなさんの先輩である。卒業生を送り出すことになったので，私も来賓として卒業式に参列した。

卒業式にのぞむ教師

　式が進んできて，そのクライマックスは，卒業生からの呼びかけ。先生方や在校生に向けて，言葉を言ったり，歌を歌ったりする。その歌の時のこと。「変わらないもの」（山崎朋子作詞・作曲）という合唱曲で，「君と出会った幸せを，かみしめながら歩いていこう」というフレーズがあった。すると，だんだんひな壇の上の6年生が崩れてきた。泣き始める子どもがいて，それが伝播していったのだろう。私も胸が熱くなってきたが，あの先生はどうしているのだろうと目を向けてみた。すると，目をぎゅっと閉じて，上を見てい

たのだ。きっと，涙をこらえていたのだと思う。6年生を担任すると，子どもたちの力に驚くことがある。一方で，難しい年頃でもあるので，たいへんなこともたくさんあったことだろう。そのようなことが，この先生にはめぐっていたのではないだろうか。

　このように，学校には，たいへんなこともあるが，未来向かう子どもたちの感動もたくさんある。身体に気をつけて，教育実習で大切なものをつかんできてほしい。

［櫻井　眞治］

● **考えてみよう!**

　▶　教育実習の事前準備として，あなたはどのようなことを大切にして取り組んでいこうと考えるのか。話し合ってみよう。

● **引用・参考文献**

櫻井真治・宮内卓也・学務課教育実習係（2020）『教育実習の手引き』
櫻井眞治・橋本創一（2014）『教育実習　第1巻　小学校』アローウィン

第6章

実習受け入れ校の現状を知る
―現職校長からのメッセージ―

● 本章のねらい ●

　教育実習受け入れ校の現状は，どのようなものであろうか。児童・生徒の実態とは？　地域の特性とは？　求められている教育課題とは？　学校経営・学級経営とは？　そして，教育実習生への期待とは？　小学校・中学校・高等学校の現職校長から教育実習への心構え，現場の実状等が語られる。大ベテランの先生たちからのメッセージにはさまざまな教育のヒントが散りばめられている。貴重なメッセージとエールから学んでいこう。

第1節　小学校で授業力・学級経営力をみがこう

――公立小学校校長　和田敏郎

　筆者は，東京都の公立小学校において校長を務めている。ここ数年，大学4年生が公立小学校の教育実習に臨む直前に，大学で講話する機会を与えられている。学生は，教育実習に向かう現場の話なので，緊張感をもって真剣に聞いている。その内容を以下に記していこう。

1.　公立学校に対する理解

　短期間であるが，実際の教育現場に入ることになるので，学校についてある程度理解してから実習に臨むことは大切である。

(1) 学校の忙しさ

　教員の長時間勤務が社会問題になっている。2018年東京都教育委員会の教員勤務実態調査では，小学校教員の36.3％が週当たり60時間以上在校しているという結果が出ている。学校の働き方改革は，校長として大きな課題と捉え対応しており，自治体もさまざまな対策を取り始めている。しかし，簡単に解決できる問題ではない。大学での筆者の講話では，1年間の学校行事の写真を見てもらっている。宿泊行事，体育的行事，健康・安全面の行事等，学生もその多岐にわたる内容と数の多さに驚いている。ただ写真の中の子どもたちの良い表情を見ると簡単にやめるわけにもいかない。

　もちろん行事の準備は忙しさの一部にすぎない。そう考えると現状では，学校は多忙であることを認識して現場に入ることは必要なことである。経験を積めば効率よく教材研究もできるが，実習生はそうはいかない。授業準備には時間がかかる。実習で理想とのギャップを感じて教職をあきらめられても困る。現場は多忙と覚悟してくることを勧めている。多忙とはいえ，担当の教員は親身になって指導する。貴重な時間を使ってもらっていることへの感謝の念は忘れないようにしたい。

(2) 特別支援教育

　教育実習に行くと会話が成立しない児童に困ることがあるだろう。実習中はともかく就職後の新人教員の大きな悩み事に，特別に支援が必要な児童への対応がある。就職した後も見越して特別支援教育への基本的理解を深めておこう。例えば，自閉症スペクトラムや合理的配慮などといった言葉が教員同士の会話で出ることもある。もちろん大学で学んでいることとは思うが今一度しっかり把握し直してのぞんでほしい。

　実習で何より大切なことは，意識を変えることである。言うことを聞かなくて困った子と思うのではなく，その子が一番困り感をもっているので少しでも困り感を改善するにはどうしたらよいかと考えることである。実際の改善は関係機関と連携して行っていくので，実習では無理であるが，その子に寄り添い，困っていることを理解することはできる。

(3) 服務事故防止

　現場で服務事故防止の話を聞く機会の多さに驚くと思う。校長として自分の学校から服務事故を出さないために使う労力と気苦労は多大である。それだけ大きな課題なのである。ひとたび服務事故が起きると学校の信用が一気に崩れると言っても過言ではない。実習生の体罰はほとんど聞いたことがない。傷つけられてカッとなるまでの権威がないからだと思う。ただ，怒りの感情が湧いてくる場面はあると思う。子どもは天使ではないので，心無い言葉を発する時もある。その時に平常心で接する訓練はできる。「6秒待つことによって感情のピークをやり過ごす」「児童から距離をおく」「相手はしょせん子ども，など心の中で声を掛ける」など具体的な方法がある。

　個人情報の漏洩は実習生も他人ごとではない。作文，テストなど許可があれば持ち出せるが，持ち出さない方がよい。授業の時に集めたワークシートなど紛失しないよう十分気をつけてほしい。

(4) ICT活用とアナログスキル

　自治体により差はあるが，現在どこもICT環境を整備してきている。少し前まで手書きが当たり前であった通知表も今はパソコン作成が大半である。筆者の勤務校では，教科によっては電子教科書が導入されているし，大型テレビを電子黒板のように使用できる。実習校でICT環境を理解することは大きな学びであるし，できたら使ってみるとよい。

　ただ，心構えとしてアナログスキルの大切さも，十分に意識してほしい。特に大事なのは，板書の技術である。ICT機器と比べ，黒板の優位性はまだ大きい。速く丁寧に板書できる教員の強みはとても大きい。黒板の面をどう使うかは，授業の構成そのものである。

2.　教育実習で学ぶべきこと

　東京都教育委員会は，教師が身につけるべき力を四つあげている。①学習指導力，②生活指導力・進路指導力，③外部との連携・折衝力，④学校運営力・組織貢献力の4つである。では，その中で教育実習において学ぶべき能

力は，どの力なのだろうか。筆者は二つだと考える。ひとつは，学習指導力の中の授業力である。もうひとつは，生活指導力の中の学級経営力である。授業は教育実習期間にしか経験できないが，就職して直ぐに一人で実践することになる。上手くいかないとわかることが，その後の意欲につながる。実習の意義の8割は授業体験にあり，後の2割が学級経営力について学ぶことであるといえよう。子どもと接して指導することは，他でもできる。学級として指導することはここでしかできない。自分で学級を作ることは実習ではできないので，いろいろな学級を見て学ぶのである。

　就職すると保護者とのかかわりや校務分掌の仕事に時間を割かれることになる。実習中は授業力と学級経営力を集中して学ぶことができる恵まれた時間と考えてもらいたい。

3. 授業力をつける

　講話では，授業力向上のために，筆者が若手教員に問いかけていることを紹介している。授業に対する心構えや技術などをあえて分類せず，授業のポイントとして話している。本書ではその中の7項目を「授業に関する7つの問いかけ」としてまとめてみた。わかりきっていると思われるかもしれないが，意外と出来ていないものである。

(1)「準備をきちんとしていますか」

　準備をしていないベテランより，準備をした初任者の方がよい授業をすることが多い。

　細案をたてる時間がない時は，三つ考えることである。第一にねらいを確認することである。1時間で何をねらうのかをはっきりさせることが最重要である。第二に教材を考えることである。教科書を追うのではなく，中心となる資料の選択や中心となる場面の焦点化という観点で教材研究をするとよい。第三に板書計画をたてることである。授業の流れは板書がしっかり計画されていれば自ずと頭に入るものである。また，日常的にはできないが，力を入れたい授業の時は模擬授業を勧めている。仲間に児童役をやってもらえ

れば最高だが，一人模擬授業でも学ぶことは多い。

(2)「考える場面をつくっていますか」

　考える場面が無くても授業はスムーズに流れる。例えば3年生社会科「スーパーマーケットの工夫」でこんな授業がある。

　子どもたちは見学記録や写真資料から活発にお店の工夫を発表する。セールをする，チラシを配る，売れ筋商品を目立つ場所に陳列するなどの工夫である。教員が言う。「そうですね。これらの工夫は安く，すばやく買い物をしたいというお客さんの願いに合わせた工夫ですね」。

　待ってほしい。消費者のニーズに合わせて販売者が工夫しているということが考えさせたいポイントである。工夫の共通点等に注目させて，つまりどんな工夫といえるか，ぜひ子どもに考えさせたい。思考力を伸ばすには，考える学習活動が必要である。そして，考える学習活動は，書きながら考える方法が有効である。

　考える学習活動，書く学習活動をどう組み入れるかをいつも意識して授業を組み立ててほしい。

(3)「学習形態を工夫していますか」

　授業を考える視点として学習形態も重要である。

　全体指導は基本であるが，対話的に学ぶことも求められている。簡単にできて有効なのは，ペア学習である。相手意識をしっかりもてるし，聞いたことに関して感想を言うなど返しもやりやすい。全体発表の前に隣の児童と交流すると自信が持てるという利点もある。筆者の学校では「フリーペア」と言うと，児童はノートをもって教室の中を自由に歩き始める。交流したい児童同士が情報交換するペア学習も有効である。

　やや高度なのがグループ学習である。グループ学習は，情報の交換だけでは，学び合いにはならない。学び合いにするためには，グループで考える内容はもちろん，グループで1枚の紙などを用意し，それに記入するなどツールも必要である。また，人数も大切である。3人または4人の編成が良いよ

うに思う。この人数だとグループとしてのまとめに全員の意見が反映されやすいからだ。また，作業をするにしても手を休める子が少ない。5 人以上だと，話し合いに参加しない子が出てくることもあり，よい学習をしている場面をあまり見たことがない。

(4)「活動の必然性を意識していますか」

　筆者は若い時に，ある講師の先生から「授業で一番大切なのは，必然性だよ」と教わった。調べるためには，調べて解決したいと思う問題が必要なのである。話し合いをするには，話し合わなければならない理由が必要なのである。このように学習活動を考える時には，その活動をする必然性を意識しなければならない。答えが自明なのに，班で話し合ってみようと言ったり，あまり知りたいと思っていないことを調べようと言ったりすることがある。これでは意欲的に学習できるはずがない。いかに必然性を感じさせられるかが，勝負なのである。

　このような内発的な必然性は最重要であるが，外発的な必然性もまた重要である。例えば次のようなものである。幼稚園児との交流に向けて，小学校のことをうまく伝える（生活科），作文コンクールに出品するために，構成のしっかりした作文を書く（国語），他県の児童に送るために東京都のパンフレットを書く（社会科）。このように，ゴールを意識することも必然性を生む。

(5)「発問したあと余計なことを話していませんか」

　総じて教員がしゃべりすぎる授業はよくない。

　実習生に特に多いのは，発問をし，ノートに書くように指示した後に，話すことである。「○○さんがこんな良いことを書いているよ」「ヒントは○○ページにあります」「例えば○○のようなことを書けばいいんだよ」，発問が伝わっているか自信がないので，話したくなるのである。

　指示が大勢に伝わっていないならば言い直さなければならない。ただ，子どもが作業を始めたら，余計な話は考える邪魔になるだけである。自力解決は静かな環境で行うべきである。自力解決の後に声を出して学び合いをすれ

ばよいのである。もちろんヒントが必要な児童もいる。質問をしてくる児童もいる。そんな時はそばに行き，小さい声で指導すればよいのである。そもそも考えるには時間が必要である。焦らずに様子を見取ればよいのである。

　自力解決の時間は，誰がどんなことを書いているかチェックし，次の展開にどう生かすか考える時間でもある。余計な話をしている暇はないのである。

(6)「発言を皆に返していますか」

　「そうですね。他にありませんか」で進んでいく授業もよく見かける。これも若い時に，「他には」は，できるだけ使わない方がよいと教わった。発言を受け取ったら，すぐに次に進むのでは無く，その発言を生かしてほしい。

　例えば「○○さんの発言についてどう思いますか」と問いかけたり，「なぜ，そう考えたの」と本人に戻したりすることにより，立ち止まって考える。児童が自分から「違う考えがあります」や「同じ意見ですが付け足すことがあります」など練り上げていくことは理想である。初めは難しいので，教員が話し合いをリードしていくべきである。

(7)「授業記録を取っていますか」

　授業を見て学ぶことも多い。授業観察の機会があったら授業記録を取ることが大切である。研究授業でさえメモを取らずに参観している教員もいる。学ぶ機会なのにもったいないと思う。

　自分なりの記録の仕方を工夫してほしいが，筆者は教師(T)と児童(C)のやりとりをそのまま記録している。発問がしっかり伝わっているかなどが検証できるからである。また指導方法などに関して疑問をもったところに印をしている。後で聞いてみたいからである。実習中は教員の授業に疑問を差しはさむことが失礼なのでは，と思うかもしれないがそんなことはない。授業によく反応する児童がいるとうれしいのと変わらない。

　「主体的・対話的で深い学び」が求められるのは児童に限らない。教員も遠慮せず授業者と対話し，深く学んで行きたい。

4. 学級経営力を学ぶ

　実習中はいろいろな学級に行く機会がある。クラスによって雰囲気が違うことは，すぐに感じる点であろう。よい学級の担任の指導を観察することで，学級経営力を学ぶのである。そもそもよい学級とはどんな学級か。筆者は次のように考える。

　一つはルールが守られ，秩序が保たれていること。もう一つは心と心のふれあいがあるということである。

(1) ルールが守られ秩序が保たれている

　守るべきルールは，無数にあると思うかもしれない。確かにその通りだが，筆者が担任だった時，学級経営上守るべきルールを二つに単純化していた。第一ルールは「人を傷つけるようなことは，しない，言わない」，第二ルールは「クラスの誰かの発言や先生の話は，最後まできちんと聞く」ということである。

　このルールが守られているとどんな子も安全なので，安心して過ごすことができる。黙っていると傷つける言葉が飛び交うことになる。また，力の強い児童が平気で誰かの発言の途中で割り込み，自分の言いたいことを強く言うことになる。そして秩序が乱れていくのである。教員の話についても同様である。生活指導に関する大切な話などをしている途中で質問を差しはさんだりして，教員の指導が一人ひとりに浸透する邪魔をする。この二つのルールは他のルールの基礎となるものと考え，いつも意識させていた。

　このルールを児童と一緒に決めて，引っ張るリーダーシップが学級経営力といえる。人が傷つく場面を目にした時に，毅然とした態度や言い方で別の話し方をするように言えるかどうかが問われている。また，このルールに関して，ほめる場面を作れるかも問われている。「ふわふわ言葉・ちくちく言葉」などの取り組みで児童に問いかけているクラスもある。実習中，二つのルールに絞って，ルールを守らせるため教員がどう対応しているかを学んでほしい。

（2）心と心のふれあいがある

　注意してほしいのは，ルールを守らせ秩序を保つだけならば，怖がらせれ
ばある程度秩序を維持することができるということである。もちろんこれで
は学級経営力があるとはいえない。強くどなられてもあまり恐怖を感じない
児童が出てきたら修復不可能になる。

　そこで心と心のふれあいというポイントも重要になる。良いクラスは教員
と児童，児童同士の心のふれあいがある。相手を思いやることができるし楽
しいので，児童自身もよいクラスだと思う。心のふれあいを作り出すことも
学級経営力である。どう作っているかを観察してほしい。

　大切なポイントは，明るい表情で声をかけ，積極的に児童と対話すること
である。授業に関すること以外の対話をすることで，児童には教師との人間
同士の交流という感覚が生まれる。明るく声をかけてくれる教員にほめられ
ればうれしいので，行動が変わってくる。また，一緒に遊んだり，子どもた
ちが遊ぶ様子を見て話しかけたりもできるとよい。

　前任校に授業づくりに関してやや不器用な教員がいた。ただその教員が素
晴らしいのは，毎日校庭に出て，遊んでいる児童と話しているのである。子
どもが声を掛けやすい存在，助けを求めやすい存在になっていることは一目
瞭然である。クラスも見事にまとまっていた。

　一緒に遊んだり，話したりは実習中でも経験できる。大切な学びの場にし
てほしい。

5.　教師という仕事

　本節は学校が多忙であるというマイナスイメージからスタートした。服務
事故防止のために気を緩められないことも記した。とはいえ，教師という仕
事は子どもに夢をもたせることができ，できたという喜びを共有できる素晴
らしい仕事である。そんな仕事に使命感と情熱をもって就いてほしい。「子
どもに生きる力を育む」という究極の使命を自覚し，日々情熱を絶やすこと
なく子どもに愛情を注いでほしい。現場はそんな教員を待っている。

第 2 節　中学生と向き合うということ——一人ひとりの生徒に寄り添って

——公立中学校校長　鷲尾　仁

　教育実習は，大学の講義では学ぶことのできない生の授業実践，教員の職務，生徒とのふれあいを体験し実感できる場である。そのために，学校の時間を割いてもらって勉強することの意味をかみしめ，真摯な姿勢，そして，誠実な態度で実習に取り組み，「よい先生・信頼される先生」となるためにその経験を生かしてほしいと思う。

　教育実習に臨むにあたって，公立学校における現状と課題，それらの課題に対して実習生に知ってもらいたいことを述べたいと思う。

1.　公立中学校の現状について

　2016 年に都内の小学 5 年生，中学 2 年生，16〜17 歳にアンケート調査を実施した，東京都福祉保健局の「東京都子供の生活実態調査報告書」から，

表 6.1- ①

自分の成績について「クラスの中でどのくらいだと思いますか」

	上の方	やや上の方	真ん中	やや下の方	下の方	分からない
小学 5 年生	19.9%	19.3%	31.1%	11.4%	6.3%	9.8%
中学 2 年生	15.3%	19.3%	30.7%	16.8%	13.3%	3.3%

「学校の授業がわからないことがありますか」

	いつもわかる	だいたいわかる	あまりわからない	わからないことが多い	ほとんどわからない
小学 5 年生	29.6%	56.0%	7.6%	4.4%	1.0%
中学 2 年生	13.1%	61.5%	12.5%	9.3%	2.5%

授業がわからなくなったと答えた時期について

	小学 1・2 年生のころ	小学 3・4 年生のころ	小学 5・6 年生のころ	中学 1 年生のころ	中学 2 年生のころ	わからない
中学 2 年生	2.7%	8.3%	23.4%	40.7%	17.4%	7.3%

（注）都内の 4 自治体（墨田区・豊島区・調布市・日野市），19,929 世帯を対象。
（出所）「東京都子供の生活実態調査報告書（平成 29 年 3 月）」東京都福祉保健局

中学生の学習や生活の現状と課題をみていこう（**表6.1**）。

（1）学習の状況について

　自分の成績について「クラスの中でどのくらいだと思いますか」の設問では，中学2年生になると，小学校5年生に比べて，全体的に自分の成績の評価が下がる傾向があり，約3割の生徒が「自分は成績が下の方（やや下の方＋下の方）」と感じている。

　「学校の授業がわからないことがありますか」の設問では，小学5年生の85.6％が学校の授業を「わかる（いつも＋だいたい）」と回答している。一方で，「わからない（あまり～ほとんど）」と感じ始めている子どもが1割以上いる。

　中学2年生になると授業がよくわからないと感じる子どもの割合が増え，全体の24.3％が「あまりわからない」「わからないことが多い」「ほとんどわからない」と回答している。また，わからなくなった時期を聞いたところ，「中学1年生のころ」と回答した子どもが最も高く40.7％であったが，34.4％は小学校の頃にわからなくなっている。そして，中学2年生の時点で授業が「ほとんどわからない」と回答した子どもの約2割は，小学1年生から小学4年生までの間にわからなくなっている。

（2）いじめられた経験や不登校の悩み

　表は省略するが，「これまでにいじめられた経験があったか」の設問では，中学2年生では，「よくあった」2.5％，「時々あった」6.8％を合わせて 9.3％がいじめられた経験があったとしている。また，「学校に行きたくないと思った」ことについての設問では，中学2年生は，「よくあった」12.7％と「時々あった」27.8％であり，合わせて 40.5％が「学校に行きたくないと思った」経験がある。そして，中学2年生の20.1％に抑うつ傾向が見られている。中学生の多くが何らかの不安や悩みを抱えており，学校のアンケートでも悩みとして「勉強や進路」「人間関係」などが多く挙がる。

(3) 自己肯定感について

表6.1-②　自己肯定感（中学2年生）

	とても思う	思う	あまり思わない	思わない
がんばれば，むくわれると思う	34.8%	44.2%	14.7%	4.8%
自分は価値のある人間だと思う	21.6%	43.6%	24.8%	7.6%
自分は家族に大事にされていると思う	47.6%	41.1%	7.5%	2.1%
自分は友だちに好かれていると思う	25.9%	55.1%	13.3%	3.4%
不安に感じることはないと思う	18.2%	31.7%	30.9%	17.1%
孤独を感じることはない	29.3%	37.4%	21.5%	9.8%
自分の将来が楽しみだ	28.2%	35.9%	24.4%	9.6%
自分のことが好きだ	22.5%	37.3%	25.7%	12.3%

（出所）表6.1-①に同じ。

　「不安に感じることはないと思う」の設問では，48.0％が「あまり思わない」「思わない」と回答しており，ほぼ半数の子どもが何かしらの不安を抱いていることがわかる。また，「孤独を感じることはない」「自分は価値のある人間だと思う」「自分の将来が楽しみだ」「自分のことが好きだ」では，6割の子どもが肯定的であるが，「自分のことが好きではない」と考える子どもが12.3％いる。この肯定的な回答は年齢が上がるにつれ低くなり，中学生の自己肯定感が低い傾向がある。

　「自分は家族に大事にされていると思う」は88.7％，「自分は友だちに好かれていると思う」は81.0％が肯定的な回答をしていて，年齢に関係なく高い結果である。家族や友人など他者との繋がりを求め，関心が高いことを表している。

2. 教育実習にあたっての課題と対応——子どもたちに向き合うには

(1) 「伝える」力

　中学2年生で，4分の1の生徒が「授業がよくわからない」と感じている。そして，わからないと感じた時期は，小学校の低学年から中学1年生までさまざまであり，生徒の理解の差が広がっている。そのため，教育実習では，そのことを考慮して，誰にでもわかる伝え方や話し方を心がけることが大切

である。

　教育実習では，「何かを伝える」ということが多い。朝学活，授業，給食，
終学活，清掃，部活動など，先生が生徒と接する場面では必ず「何かを伝え
る」必要がある。

　池上彰さんは，『伝える力』(PHP ビジネス新書，2007 年）の中で，「伝える
力」とは表現力やテクニックではなく，相手の立場で考えられる力であると
いっている。授業では，教師が生徒に毎時間の授業の中で，目的をもって，
いろいろな事柄を教える。教える内容をただ淡々と伝えるのではなく，生徒
の立場に立ち，生徒が「へぇ〜」と興味をもったり面白いと思ったりするよ
うに伝えようと意識しなければならないと思う。そのためには，自分自身も
「へぇ〜」を感じることを増やすことを意識して教材研究をしてみる。そう
すると，今までにない視点から新しい発見や考え方が見つかり，心が動くだ
ろう。その心を動かされた感動を生徒に伝えることが大切である。

　しかし，声が小さい，おどおど，モジモジ，など，自信のない態度では，
たとえ言っていることの中身がよくても，聞き手の心を動かすことはできな
い。自信をもって，聞き手の目をしっかり意識して，伝えることが重要にな
る。

　また，「物事を伝える」ときに，わかりやすく伝えることも大切だ。生徒
は伝えられる内容について，まったく予備知識をもっていない。教える教師
からするとよくわかっていることも，その分野に興味のない人からすると，
まったくのチンプンカンプンだったりする。まったく予備知識のない人にも
物事をわかりやすく伝えられてこそ，本当の「伝える力」である。

　わかりやすく伝えるためには，「簡単なことは簡単に」「難しいことも簡単
に」伝えることを意識して，「どう表現するか」という自分中心の視点では
なく，「どうすれば相手に理解してもらいやすいか」という相手中心の姿勢
で伝えることが大切である。

　中学生の半数の生徒が，他者との関係がうまくいかず，不安や悩みをもっ
ている。そのことが，いじめや不登校の一因になっていることがある。

　「他人の評価なんか気にしない」と思う一方で，「他人に認めてほしい」と

考えている。「放っておいてほしい」と思う一方で，「自分の存在に気づいて
ほしい」と願っている。中学生には，自分の価値を確かめたいという気持ち
があり，そのことが充たされないと心が不安定になったり，やる気が出ず落
ち込んだりしてしまう。

　教育実習で，生徒と話しをするときに，ただ言葉を伝えるのではなく，言
葉に自分の思いやエネルギーを伝えることができるとよいと思う。「あなた
は大切な存在だ」「あなたがそこにいることは，ちゃんとわかっていますよ」
という価値あるメッセージを言葉に込めて，相手に伝える。「ありがとう」
と感謝したり，「できたね」「頑張ったね」と認めてあげることで，生徒は自
分の存在価値を確かめることができ，有用感や肯定感を高め，生きる力を育
む。そして，教師と生徒の相手をお互いに認め合うやりとりが信頼関係を高
める。実習期間中，子どもたちをよく見て，そんな場面をたくさん発見して
ほしいと思う。

(2) 発達の偏りがあったり、悩みをかかえている子どもとどう向き合うか

　「友人とうまくかかわれない」「勉強についていけない」などの悩みがある
生徒の中には，特定の分野に発達の偏りがあり，学習上の得意・不得意とな
って現れている場合がある。「読む」「書く」「聞く」「話す」「計算する」「推
論する」などが苦手だったり，「落ち着かない」「集中が続かない」「指示を
きかない」などの行動に現れたりすることもある。それは，本人の努力不足
や育ち方のせいではない。

　教育実習中にそのような子どもたちに対応する心構えとしては，偏見をも
たずに信頼関係を築くこと，時間をかけ多くのエネルギーをもつこと，そし
て，発想を転換するという視点が必要である。

　まずは，その子を理解するために，「いいところ，頑張り」に目を向けて，
「よいところ，できること」を広げていくことを考える。「落ち着かない」「集
中が続かない」という面は，「活発」「活動的」「好奇心が旺盛」と考え，そ
の子の「苦手」を「強み」にリフレーミングして理解し，その「強み」を生
かすための指導を考えることである。

　また，その指導を効果的にするために，「ほめること，叱ること」も大切だ。ほめ方の方法としては，おー（感嘆），あ〜（納得），いい（同意）などの感嘆詞をうまく使うこと，「書けてる書けてる」などのできている行動を繰り返して言うこと，「そう，その調子！」「いいよ！そのまま続けて」など続けるべきことを励ますなどがある。

　逆に，叱るときは，「子ども」を叱るのではなく，「行動」を叱るようにして，子どもの「意欲」まで否定しないことである。「やる気あるの？」「この前も同じことを……」「いつもあなたは……」などは，せっかく子どもが勇気を出してチャレンジしたことを否定することになってしまう。

　ほめ方も叱り方も「短く・太く」「タイミングよく」行うことが大事である。実習中は時間が短く，うまくいかないかもしれないが，子どもの「いいところ，頑張り」を認めて，子どもの「価値」を引き出していこうと考えて欲しいと思う。

3.　教育実習で見られる場面について——教室がうるさかったらどうする？

> 場面：授業中—生徒がうるさい。私語が多い。話しを聞かない。

　さて，あなたならどうするか？

　大学の教育実習前の指導で，受講生に上のような課題を出している。まずは個人で考え，その後，周りの人と意見交流し，意見を発表してもらう。

・注意する。叱る。大声で怒鳴る。
・うるさいと思われる生徒に注意する。
・先生が静かにして，生徒が気づいて静かになるまで待つ。
・手をたたく。黒板をたたく。笛を吹く（体育）
・授業の大切さを説教する　　など

　しかし，実際には，上記の方法では効果が少ないことを話すとみなうなずいている。自分の中学生の頃や3年生で附属校実習を行っている場合にはそこでの経験から実感できるのだと思う。

　そこで，まずその指導を行ったときに，生徒の立場だったら，どう感じる

かを考えてもらう。「多分，素直には従えない」とか，「あまりいい気持ちにならない」「勉強しようという気持ちにならない」という意見が出るだろう。また，注意される生徒は決まっていて，「何度も注意されるので嫌だ」とか，「なんで俺（私）ばっかり注意されるのかわからない」「自分だけでなく，他の人もうるさいのに，注意されないのは不公平だ」と考えるという意見も出てくる。

　私が考える「授業中に静かにさせる方法」は，個人ではなく，まずはクラス全体に「今うるさい」という事実を知らせることだ。そうすると，多くの生徒は静かにしようと気づく。次に，うるさい生徒がいる辺りを示して，「この辺の人たちがうるさいね」と言い，「おしゃべりをしている人に周りの人は注意しよう」というと，子どもたち同士で注意しあう。そして，静かになったら，「注意しあえて，よかった」とほめる。そのことを繰り返すと，自然と静かにする習慣が生まれる。先生が注意するより，友達が注意する方が効果的で，自分たちのことは自分たちでやっていく自律の気持ちが育まれる。

　それでも，静かにならないときには，幼稚園や保育園でやったことを思い出させる。3〜5歳の子どもは，注意するより遊びとして楽しくした方が静かになる。例えばそれは，「トントンとんとん　ひげじいさん→てんぐさん→こぶじいさん→めがねさん→手を上に→キラッキラッキラッキラッ　手はおひざ」という手遊びだ。先生の話に興味がなかった子でも，面白がって動作して静かになる。中学生でも効果的だ。中学生では，いつもやると飽きるので，たまにうるさくなったときに，「トントン」やるよというとやらなくても静かになり，クラスの雰囲気もほのぼのしてよいものになる。

　しかし，一番効果的な静かに授業する方法は，最初の生徒との出会いで，「先生は一生懸命みんなのために授業をするから，みんなも一生懸命授業を受けてください」と宣言し，約束することである。そこに先生と生徒の絆ができ，「一生懸命話し，一生懸命聴く」という学習の規律が生まれる。

　「自分は家族に大事にされている」「自分は友だちに好かれている」の回答が示しているように，他者との繋がりに高い関心がある中学生には，効果的な方法であると思う。

4. 先人の言葉から学ぶ

最後に，教育実習に臨むにあたっての心得を先人の言葉から引用したい。

小原國芳（全人教育の理念に基づき玉川学園を創立）
人生の最も苦しい，いやな，辛い，損な場面を，真先に微笑をもって担当する。

（玉川大学 HP より）

　この言葉は，私が教師になってから，ずっと心に留めて大切にしてきた言葉だ。どんな仕事や役割を担っても，困難や課題がある。しかし，そうしたことを改善していく仕事を誰かが担わなければならないのであれば，大変なことこそ，自分から進んで引き受けていったが方が結果としてうまくいくことが多い。

松下幸之助（パナソニック創設，日本屈指の経営者）
日ごろ部下の言うことをよく聞く人のところでは比較的人が育っている。それに対して，あまり耳を傾けない人の下では人が育ちにくい。そういう傾向があるように思われる。

（パナソニック HP「松下幸之助「一日一話」」より）

　なぜそうなるかというと，上司が部下の話しをよく聴くことで，部下が自主的にものを考えるようになり，そのことがその人を成長させるのだと言っている。教師も同じで，生徒の話をしっかり聞くことで，生徒を成長させることができると思う。教師として，大事なことは“耳を傾ける”という基本的な心構えをいつももっていることだ。

河合隼雄（心理学者・心理療法家）
問題児とは大人に問題を提出している子どもだ……子どもの提出する問題を解く努力をしなくては，指導などできない。

（『あなたが子どもだったころ』より）

　さまざまな子どもがいる。なかには，問題児だと思うことがあるかもしれない。問題児だから仕方がないと考えてしまったら，解決には繋がらず，そ

こで，指導を諦めてしまうことになる。自分の問題と考えて，諦めず，どう指導をすれば改善できるかを考え実践すれば，必ず解決できる。

辰野千壽（心理学者）
小学校の先生だったら，まず，子ども好きでなければいけません。そして，世話好きということも大事でしょう。かつ，なにより，勉強好きな先生であることです。　　　　　　　　　　　　（『科学的根拠で示す学習意欲を高める12の方法』より）

　私はその後に続けて，「中学校の先生だったら，ダメなことはダメと厳しく伝えられる先生であることです。」を書き加えたいと思う。その時は本人にとってつらくいやなことでも，伝えるべきことは伝えなければ，その子の将来にとって困ることになる。
　そして，最後に，

西澤潤一（元東北大学総長）
平凡な教師はしゃべるだけ，良い教師はわかりやすくしゃべる。もっと良い教師は，やってみせる。そして，最高の教師は，心に火をつける。

（『教育の目的再考』より）

　教育実習やその他さまざまな経験を通して，学んだことを生かして，生徒を言葉や行動で激励し，やる気を起こし，意欲をかき立てて，生徒の心に火をつける人間になって欲しいと思う。

● 引用・参考文献

池上彰（2010）『伝える力』PHP ビジネス新書
河合隼雄（1995）『あなたが子どもだったころ―こころの原風景（講談社プラスアルファ文庫）』講談社
首都大学東京　子ども・若者貧困研究センター（2017）「東京都子供の生活実態調査報告書」（平成29年3月）東京都福祉保健局
辰野千尋（2009）『科学的根拠で示す　学習意欲を高める12の方法』図書文化社
西澤潤一（1996）『教育の目的再考（21世紀問題群ブックス⑽)』岩波書店

第3節　学校経営と現代の教育課題

——国立大学附属高等学校校長　大野　弘

　これから，教育実習に行く前にみなさんが知っておいたほうがよい具体的な学校の姿を話すことにする。

1. 学校経営ということ

　かつては，学校運営という言葉がよく使われていた。「経営と運営の違い」は何だろうか。ここでは，経営とは，「①ある目的のために，②限られた資源（人，モノ，金，情報等）を，③効率的に活用し，④できるだけ大きな成果をあげること」と定義する。経営には「イノベーション（改革）」が必須である。一方，運営は，組織をトラブルなく動かしていくことと定義する。すなわち，運営は，一般的には継続志向となる。現在，運営より経営がよく使われる所以である。

　①まず，「ミッション」が明確であることが必要である。誰のための経営か。生徒のため，保護者のため，地域のためである。

　②「限られた資源」についていえば，当然，学校も社会の一部であり，予算的に人員的に無制限であることはあり得ない。所与の条件を考慮しつつ最大の成果を上げるよう工夫するのが経営である。

　③「効率的に活用し」，限られた資源で大きな成果を出すからには，当然，効率的に活用しなければならない。公立学校であるなら，住民の税金を無駄に使うことはできない。

　④そして，「できるだけ大きな成果をあげる」，ミッションを意識し，ミッションをできる限り達成する。ここでは達成したことの評価が大切である。達成できなかったことは何か？　それは何故か？　どのようにすれば達成できるのか？　等々を考えて，経営方法を改善していく。（PDCAサイクルを回す）

2. 学校教育と教育公務員

(1) 集団教育としての学校教育

　学校教育は，原則的には集団教育である。したがって，生徒の社会性の育成に比べ，生徒の個性を育てるということには特別な工夫を要することになる。

　また，経営の観点から見ると，生徒一人当たりにかかる費用と教職員数そして施設設備が，個別教育等に比べ数段小さく済むことがあげられる。

(2) 学校教育はチームプレー

　個別教育が家内制手工業であるなら，学校教育は工場制手工業だといえよう。学校という場に多くの教員が集まり，校長のリーダーシップの下，それぞれの学校のミッション達成を目指して働いている。

　みなさんは，短期間とはいえ，この学校というチームの一員として行動するのである。ミッションを強く意識しながら，チームワークに配慮して働かなければならない。

(3) 教育公務員とは

　公立学校に勤める教員は地方公務員である。みなさんは，まず地方公務員としての責務を果たさなければならない。地方公務員法には，その服務の根本基準として，「すべて職員は，全体の奉仕者として公共の利益のために勤務し，且つ，職務の遂行に当つては，全力を挙げてこれに専念しなければならない。」（第30条）とある。その地方の全住民への奉仕者として，自分の全力を尽くさなければならないわけである。

　以下，地方公務員法に規定されている，学校に勤めるにあたって守らなければならないことを七つあげる。このことは，教育実習においても同様である。

① 法令等及び上司の職務上の命令に従う義務 (第32条)

　教員も法律や規則等に従うのはもちろん，上司の職務上の命令に従わなくてはならない。

② 信用失墜行為の禁止 (第33条)

　職務遂行上の違法行為だけでなく，勤務時間以外のプライベートな時間で
も公務員としての (そして教員としての) 信用を傷つけるような行為をしては
ならない。

③ 秘密を守る義務 (第34条)

　公務員である時に職務上の秘密を漏らしてはならないのは当然として，公
務員を辞めてからもその秘密を漏らしてはならない。教育実習においても，
そこで知りえた生徒の個人情報等の秘密は一生漏らしてはならない。

④ 職務に専念する義務 (第35条)

　勤務時間内は職務以外のことをしてはならないということである。教育実
習においても，その勤務時間内に教育実習に関わること以外のことをしては
ならない。

⑤ 政治的行為の制限 (第36条)

　教員には，政治行為の制限がある。学校において特定の政党の支持または
反対のために政治的活動をすることは禁止され，さらに選挙運動等の政治的
行為の制限がある。

⑥ 争議行為等の禁止 (第37条)

　ストライキやサポタージュ (怠業) 等は禁止されている。

⑦ 営利企業等の従事制限 (第38条)

　原則として教職以外の職業についてはいけない。ただし，任命権者の許可
があれば兼職・兼業をすることができる。

3.　高等学校生活入門

　次に，一般的な高校の年間の主な行事や組織，業務について，教育実習生
の立場を踏まえて説明しよう。

(1) 行事

　公立高校等の主な行事は以下のとおりである。

4 月	始業式，入学式，新入生オリエンテーション
5 月	中間考査，遠足，避難訓練
6 月	体育祭，教育実習，公開授業，実力テスト
7 月	期末考査，終業式，夏季休業期間，生徒個人面談，3 者面談，林間学校
8 月	部活動合宿
9 月	始業式，学園祭，宿泊防災訓練
10 月	中間考査，学校説明会，合唱祭
11 月	修学旅行，避難訓練，球技大会，実力テスト
12 月	期末考査，終業式，スキー教室
1 月	始業式，推薦入試，センター試験
2 月	マラソン大会，一般入試
3 月	卒業式，修了式，合格者オリエンテーション

　みなさんは，行事予定表を見て，自分が実習に来る前にはどんな行事があったか，そして実習中にあるのはどんな行事か，実習後にはどんな行事があるのかを把握し，自分が生徒と学校にどのように貢献できるのかを考えてほしい。

　校外での行事に参加する場合は，主に，集合時の人員確認と，行事中の生徒の安全確保，そして，問題行動等の予防に関する教員への手伝いが業務となるだろう。このときまでに，担当する生徒の顔と名前を憶えておきたい。

　体育祭や学園祭では生徒の安全確保が重要である。教員集団の一員として，生徒の安全に関わるときには，毅然とした態度で生徒を指導しよう。

(2) 学校組織と分掌

　ここでは，都立高校を例に説明する。道府県により多少異なるが，概要を理解すればよい。

① 教育系

○管理職

　統括校長または校長（1 名）は，その学校の校務をつかさどり教職員を監督する。副校長（1～2 名）は，校長を補佐し，学校経営の視点から組織目標の達成や人的管理と人材育成に関して中心的役割を果たす。

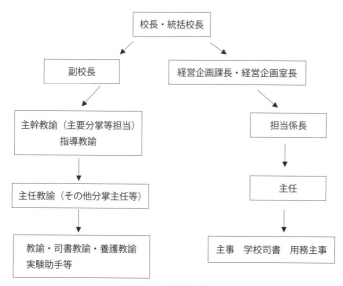

図6.1　学校組織図

○監督層

　主幹教諭（24学級校では教務部・生活指導部・進路指導部・各学年担当の計6名）は，管理職を補佐しながら，教員を指導・育成し，主たる分掌の主任として中心的な役割を果たすなど，学校経営のミドルリーダーの役割を果たす。

　また，教科指導のリーダーとして指導教諭がいる。

○その他

　主任教諭は，高度な知識や経験に基づく実践力をもち，校務分掌上の重要な役割を担いながら，主幹教諭の補佐および同僚や若手教員への助言・支援などを行う職（各分掌等の主任とは必ずしも一致しない）である。教諭は，上記以外の教員である。

　主幹教諭から教諭まで，およそ学校の全クラス数の2倍の定員となっている。

　その他の教員として，司書教諭は図書室を，養護教諭は保健室を担当している。主に実験・実習を担当する助手もいる。さらに，授業のみを担当する

非常勤講師がいる。

② 行政系

　管理職の経営企画課長または監督層の経営企画室長が 1 名，他に，担当係長，主任，主事，学校司書，用務主事等がいる。合計で，24 学級校で 7，8 名くらいである。定時制課程がある場合は栄養士がいることもある。

(3) 教科指導と評価

　教育実習生といえども，生徒に対しては一人前の教員として振舞わなければならない。自身の教科の専門性と教科指導の技術については，実習に行く前に十分な準備を行おう。

　すべての教員から学ぶ姿勢が大事であり，多くの教員の授業を見させてもらい，自分の授業を磨いていこう。十分な授業計画を作ったうえで，実際の授業においては，よく生徒を見て，生徒の反応に応じて臨機応変の対応をめざす。

　授業が終わったら，アンケート等で生徒の反応を確認し，指導教員の指導に沿って自分の授業を評価して改善していく。授業案作成，授業実施，評価，改善のサイクルで授業改善を図っていこう。

(4) 募集対策

　今後の学校経営においては，募集対策が極めて重要である。教育実習中に学校説明会等があったら，積極的に手伝い，学ぶとよい。また，募集対策の手段は，第一にホームページ (HP) 等の電子媒体である。情報を双方向でやり取りし，学校の経営を微調整していく。実習の前に実習校の HP をよく見ておこう。

(5) ホームルーム (HR) 担任

　大事なことは，受け持ちの HR の生徒とできるだけ多く接することに尽きる。休み時間や昼休み等に教室に行って生徒と話し，部活動に参加して生徒との交流を増す。生徒との対応としては，迎合するのではなく，厳しくと

も頼りがいのある大人としてふるまうべきである。親しまれることより，信頼されることを望むべきである。生徒からいじめ等の重大な情報を打ち明けられたら，たとえ一時的に生徒との関係が悪くなっても，他の教員に伝えなければならない。

(6) 保護者との関係

　急遽，保護者と対応しなければならないときもあるだろう。その際には，自分は教育実習生なので責任ある回答はできないこと，しかし伺ったことはきちんと教員に伝えること，を前もって話してから対応するとよい。教育実習中は，緊急事態等を除き，自分から保護者と接するのは控えるべきである。

(7) 地域との連携

　保護者との対応と同様，基本的には教員に繋げる。ただし，積雪時の学校周辺の雪かきや台風の後の落葉掃き，地域の防災訓練等には積極的に参加して，地域の人と接するようにしよう。部活動や学校設定科目等への地域の人々の協力を集めることも重要である。

4.　現代の教育課題

　これから，東京都教育委員会の主要施策を参考に現代の教育課題について考えてみる。みなさんは，関係する都道府県の教育委員会の主要施策を確認してほしい。

①「個々の子供に応じたきめ細かい教育の充実」

　学校教育の中にあって，できるだけ個々の生徒の特長に応じた教育をする。その基盤となることは基礎基本の定着と学ぶ意欲の向上であり，ここまでは全生徒に徹底したい。

②「世界で活躍できる人材の育成」

　豊かな国際感覚を育成することと，ダイバーシティ（多様性）の受容とが重要なポイントである。豊かな国際性のためには，自国の歴史と文化の理解を通じた日本人としての自覚と誇りが必要である。立派な日本人であること

が立派な国際人になるための必要条件であるということを教えていきたい。

③「社会的自立を促す教育の推進」

人権教育の推進であり，道徳心や社会性を身につける教育と，社会的・職業的自立を図る教育の推進である。また，不登校・中途退学対策として，全教員がカウンセリングマインドをもつこと，全教職員がチームを作り一人ひとりに応じた手厚い支援システムを作ることも肝要である。

④「子供たちの健全な心を育む取組」

いじめ，暴力行為，自殺の防止対策とSNS等の適正な使い方の啓発指導とを強化していかねばならない。これらは，どんな学校でも起こりうるトラブルであると考えて，未然に防いでいきたい。

⑤「体を鍛え健康に生活する力を培う」

体力向上を図る取組の推進と健康づくりの推進は車の両輪である。体育の授業や部活動を通じて，生涯にわたりスポーツに親しむ習慣を身につけさせるとともに，自分の健康に気をつけ意識的に健康な生活を送るように指導していきたい。オリンピック・パラリンピック教育を活用することも大事である。

⑥「教員の資質・能力を高める」

全国で，優秀な教員志望者の養成と確保が重大な課題となっている。現職教員の資質・能力の向上も急務である。ここにおいて，教職大学院の役割は大きい。今後の現職の教職員教育では，教員としての各ステージに応じて大学での学び直しが必要になることだろう。

さらに，教育現場では，優秀な管理職等の確保と育成も大きな課題である。

⑦「質の高い教育環境を整える」

現代社会の変化と地域の期待に迅速に対応して学校を変えていくことが必要である。特別支援教育の着実な推進，IT環境や空調等の施設設備や安全対策など，学校の教育環境整備を進めていく。

⑧「家庭・地域・社会の教育力向上を図る」

家庭教育を担う保護者への支援体制を整え，学校と家庭が一体となった教育活動の充実を図る。外部人材を活用した教育の推進で，学校の教育力を倍

増させる。ここでは，教員の学校外との折衝力・交渉力が試される。

5. 教員となるためには

(1) 教員として必要な力

　まずは，教科の学習指導力であり，授業マネジメントの力である。ねらいに沿って授業をデザインし，生徒の興味を引き出しつつ，個に応じた指導をすることが求められる。生徒の主体的な学習ができているかを適切に評価して，自分の授業を改善していくことが大事である。

　次に，生活指導力と進路指導力である。どちらも生徒と良好な関係を構築し，生徒の思いを理解して指導しなければならない。生徒の個性と能力を見定め，それに応じた生活指導と進路指導を行っていく。

　さらには，保護者・地域・外部機関に適切に対応し協力していく，連携・折衝力が必要である。また，将来的には，学校経営力も身につけてほしい。

(2) 教員採用試験

　公立学校の場合は，都道府県および政令指定都市での採用試験となる。各教育委員会 HP を注意しておこう。毎年ほぼ同じ時期（夏休み前後）に行われる。国立大学附属高校や私立高校でもその学校の HP を常に見ていて時機を逸しないようにする。中・高教員採用試験は，一般教養と教職教養と専門教科・科目が出題される。保健体育や芸術等では実技試験がある。さらに，小論文と面接がある。面接には，個別面接か集団面接，またはその両方がある。合格するためには準備が必要であることを強調したい。

(3) 教育実習の心得

　教科指導は広く深い準備が必要である。1年間の流れを確認し理解したうえで，担当部分を組み立てる。担当する部分の学問的基礎を深く復習し，そのうえで学習指導要領に沿った内容にまとめ上げる。

　生徒に対するときは，責任ある教員として適切な距離を保ち，知りえた情報に関しては職業倫理に則り適切に対応しよう。実習校の教員はみな指導教

員と思い，自分は「見習い」であり「学生」だということを意識しつつ，積極的に実習に取り組み，現実の学校というものをどん欲に体験しよう。生徒として見てきた学校とは異なった姿が見えてくるはずである。それが，この先，教員として奉職する学校の姿なのである。充実した教育実習を行い，これからの教員生活を彩る貴重な経験を積んでほしい。

● **考えてみよう！**

- ▶ 教育実習先の学校において，「顧客」とはだれか，「顧客」のニーズは何かを考えてみよう。
- ▶ 多様な児童・生徒の存在を念頭に，学習指導，生活指導において留意すべき視点を考えてみよう。
- ▶ 教育実習において，生徒に「みんなで考えよう」として，よいケースと，「ならぬものはならない」とすべきケースを挙げ，その理由を考えてみよう。

第7章

教育実習校での指導と学生の成長・課題

● **本章のねらい** ●

　教育実習校では，教育実習指導がどのように行われているのであろうか。そして，教育実習生はどのように成長していくのであろうか。必修教育実習と選択制教育実習を指導した先生たちは実習生をどのように捉えているのか。先生方の言葉に耳を傾け，そこから多くを学び，教育実習のイメージを豊かにし，問題意識を高め，現在の取り組みに生かしていこう。

第1節　授業力を磨くには──ともに教師の力をのばす

──（元）国立大学附属小学校教諭　齊藤和貴

1.「教職母校」としての実習校

　教育実習生を迎える実習校の指導教員として，何を大事にしながら指導していったらよいのであろうか。筆者は配当校が「教職母校」となるように指導することであると考えている。

　小学校教育実習を経験した教育実習生にとって，母校は二つある。一つは，

子どもを「発見」する教育実習

教育実習生自身が卒業した本来の意味での母校である。そしてもう一つが，教育実習を経験した「教職母校」である。

　教育実習生が教職を志望するようになった出発点には，子ども時代に出会った教師の人柄や心に残る出来事などの魅力的な何かがあったからであろう。そのような教職志望の学生が，未来の教師として子どもの前に立ち，授業実践を行い，子どもとふれあう中で教師としての適性や課題を見つめ，教職への思いを新たにする機会が教育実習である。それゆえ，教育実習で出会った教師や子どもとの経験は，もう一つの教職への出発点となる。実際，教職を志望していなかった教育実習生が，教育実習を機に教職を志望するようになったり，あるいは中学校教員から小学校教員へ志望を変えたりすることも少なくない。教育実習生が進路を最終決定する要因は，教育実習に負うところが大きいであろう。

　指導教員として教育実習生を受け入れるということは，そのような教育実習生の職業選択や進路選択に大きな影響を与えるものである。教職の魅力を伝えることが，指導教員の大きな役割である。それゆえ，配当校が「教職母校」となるのである。

2．学習指導案と板書計画と模擬授業

　教育実習では，学習指導案を書くことを求められる。大学の授業などで書く学習指導案とは異なり，学級や子どもの実態，子どもの学びの履歴に即して，学習指導案を立案することが重要である。配当学級の具体的な子どもを想定することによって，はじめて学習指導案は血肉の通った「案」になる。しかし，多くの教育実習生の教材研究は不十分であり，「教材研究の仕方が分からない」と言いながら，教科書の赤刷りを読む程度で先に進まないまま教育実習にくることが多い。実際には，教育実習の中で具体的な子どもたちを前にして授業実践をし，子どもの教材解釈の仕方や応答の様子を体験しながら次時の授業計画を練ることが，教材研究が深まる場面となっている。ある意味，教材のことを最もよく教えてくれるのは子どもたちかもしれない。授業実践を通して気づかされることが多いのはそのためである。

　ところで，学習指導案がどんなに優れていたものであったとしても，授業実践がうまくいくというものではない。教育実習生にとって，学習指導案だけでは授業の見通しを十分にもてないようである。学習指導案は，「本時のねらい」に即して，どのような学習活動を，どのような発問や教材をもとに，子どもがどのような応答をするのかを予想し展開するかを構想したものである。しかし，そのような時間軸に即した計画は，授業の展開をストーリーとして直線的に表現することはできても，教師と子どもの発話や意見の対立や葛藤関係，包含関係などの相互関係をイメージすることは難しい。むしろ，対話を中心とした相互関係は，黒板という2次元空間に整理すること，つまり板書によって理解が容易になる。そのため，学習指導案と板書計画の両方を立てることが重要である。学習指導案と板書計画は，授業デザインを異なった二側面から表現したものである。二つの計画がセットで計画されることによって，授業実践をより具体的にイメージし，見通しをもつことが可能になる。

　そして，これらの学習指導案と板書計画の内実をより豊かにするものが模擬授業である。学習指導案や板書計画を立てても，それらはやはり頭の中の観念的な言葉によって筋立てられた計画である。学習指導案や板書計画は，他の模擬授業参加者との対話を通して再検討することでより実際的に再構想され，発問や手立てもより具体的になってくる。

　模擬授業では，授業者が具体的なイントネーションやアクセントを纏った言葉によって発問し，子ども役の模擬授業参加者から応答をもらい，板書にする。それによって，「本時のねらい」と学習活動の整合性を検討し，予想される子どもの応答が一面的に過ぎないことに気づかされ，教師の発問や応答，板書の適切性などを問い直し具体的な課題を見出すことができる。

　特に多くの教育実習生が悩まされるのが，学習指導案の「書き言葉」を

模擬授業の様子

「話し言葉」にして発問や指示をすることである。つまり，教育実習生が黒板の前に立つと，自分が伝えたいことが思うように言葉にならず，しっくりいかないのである。発問や指示が曖昧であるがために，聞き手に正確に伝えられなかったり，別の意味に理解されてしまったりする現実に直面する。

　その反対に，子ども役の模擬授業参加者によって「話し言葉」として語られた発言を，授業者が「書き言葉」として板書することの難しさにも直面する。

　発言の主旨を正確に「聴く」ことや端的にまとめて「書く」ことが求められる。しかも，すでに板書されている他の子どもの発言との関係性を可視化し，話し合いの論点を示しながら整理して立体的に「書く」必要がある。その点，経験の浅い教育実習生が陥りやすいのは，子どもの発言を羅列的に書き留めるメモのような板書や，言葉の羅列になってしまう板書である。また，白チョークだけで書かれた平板な板書もある。このような板書では，子どもが参照し，思考を媒介することは難しい。適度な大きさの文字で，丁寧にまっすぐ板書できるようになるにも練習が必要である。さらに，子どもの発言を価値づけたり強調したりするために色チョークを適度に使うことも必要である。このように，板書を子どもの対話を媒介し促進する道具として構成する技術を身につける必要もある。

　模擬授業は発問や対話，板書を実際的・実践的に経験し検討する重要な方法である。

3.　模擬授業と子ども理解

　1学級に6人の教育実習生が配当されるような附属学校では，模擬授業は授業者のみならず，子ども役として参加する模擬授業参加者にとっても大切な学びの場である。なぜなら，授業者の発問や資料の提示の仕方などを検討する中で，子どもの応答を予想したり，他者の応答とのつながりや関係を読み解いたりしながら，板書の構成の仕方を議論することができるからである。そして何よりも，このようなプロセスを通して，学級の個々の子どものことが念頭に置かれ，子ども理解が図られるのである。一人ひとりの性格や考え

方の特徴，前時までの学びの姿の見取
りを互いに示しながら，子どもの思い
や思考の道筋，発言の背景などを検討
することによって，個々の子ども像を
明確にしていくのである。

算数の板書の様子

　3週間の教育実習の中でそのような
模擬授業が繰り返されていくと，子ど
も役の教育実習生は，実際の学級の一
人ひとりの子どもの考え方の傾向を反映させながら応答したり，話し方の癖
をまねたりしながら参加するようになってくる。このような姿は，模擬授業
を通した教材研究であるとともに，子ども理解の深化の場面でもある。

　模擬授業が授業技術のみならず子ども理解の可能性に開かれていることを，
指導教員と教育実習生の双方が意識化し，自覚的に位置づけることが重要で
ある。そして，そのようなプロセスを通して学習指導案や板書計画を練り直
し，教材研究（教材化研究）の方法を体得していくことが可能になるのである[1]。

　教育実習を終えた学生は，以下のように模擬授業の意義を見出している。

　（S教生）子どもの反応が自分の予測とかなりずれていることが分かった。模
擬授業をすることでより多くの先生方の意見を聞くことができ，授業中の子ど
もに対する反応の幅ができたと思う。
　（M教生）実際に他の教育実習生の前で話してみると緊張感があるし，口に出
してみてから，この発問は伝わりづらいなとかこういう指示を出した方がいい
など，自分自身で気づける改善点も多くあった。他の教育実習生の指摘からは
じめて気づくことも多かった。
　（Y教生）子どもがどんな反応をするのか，自分自身が子ども役になることで
考え，予想する力が身につき，指導案の「児童の予想される反応」を書く際に
役立った。また，児童が板書を見て授業の流れを把握できるよう，どのスペー
スにどの言葉を書くか，矢印をどう引くかなど，細部まで考えることができた。
さらに，児童にとって見やすい黒板になるよう，色の使い方や配置などを工夫
したことで，安心して授業に臨むことができた。
　（N教生）模擬授業を通して事前に考えていた板書を黒板にし，先生や他の学
生から得たアドバイスをもとに再度計画を立て直す。そうすることで練った板

書計画から，時間配分等を含めた実践的なイメージを持つことができた。具体的な児童の名前を出して行うことで，児童理解にも繋がった。

　その一方で，学習指導案の作成については，以下のような困り感を記述している。

（K教生）自分の専門教科以外はどのようにすれば子どもたちが「教わる」ではなく「学ぶ」になるのか，授業の構成や見通しを立てるのが難しかったです。また，主発問からの児童の反応の予想が難しく，なかなか進まなかった。
（M教生）児童がどんな発言や行動，反応をするのかを予想することが難しかったので，教師側がどこまで子どもたちに提示や指示をしてあげるべきかですごく悩んだ。
（N教生）実習前半は，授業観察の時間が短い中で指導案を作成しなければならなかったため，児童の実態把握が不十分で，児童の反応を予想することが難しかった。

　このような記述からは，子どもの応答を予想することの難しさやずれに悩む教育実習生の姿が浮き彫りになってくる。それゆえ，教育実習で子どもとかかわる経験は，学習指導案を立案するうえで決定的に大切なことである。このことを克服するためには，個々の子どもについての気づきや捉えを座席表やカルテにメモしながら継続的に書きため，子ども理解に厚みをもてるようにすることが必要である。そして最終的には，学校現場に出たときのために，一人で模擬授業をシミュレーションして学習指導案を書くことができるようになることが目標になる。

　授業は子ども理解の上に成り立っている。たとえ同一の指導案であっても，子どもが違い，学級が異なり，学びの文脈が別様であれば，同じ授業は生まれない。もちろん，模擬授業は授業実践のためのシナリオづくりではない。授業の一回性，再現不可能性を大切にしたい。

4. 実習日誌と「子どもの発見」
　実習日誌は「日記」ではなく「日誌」であることから，「事実に基づいて客観的に書く」必要がある。しかし，その事実を羅列的に書くだけでは意味がない。具体的な事実に焦点化し分析的に書くとともに，自分なりの解釈や

代案を立て，自分にとっての課題を見出すなど，「自分」に引きつけて書くという視点が大切である。

　実習日誌の記述内容は，教育実習の進展とともに変化する。なぜなら，教育実習が始まってしばらくは，指導教員を観察することが主であり，授業の展開や構成，発問や教材について目が向いている。S教生を例に示す。

> 齊藤先生は，板書にネームプレートを使用する。ネームプレートを使い，発言者の意見を板書すると，他の児童が自分の意見はこの発言者の意見に賛成だとか反対だとかが分かりやすく，次の発言につながりやすい。(20180619：教育実習オリエンテーション時：S教生)

　このような記述は，大学で授業観察をする機会が少ない教育実習生にとっては当然必要なことである。授業観察は，指導教員の指導法や考え方を理解するうえで必要なプロセスである。そのうえで，基本的な学級のルールややり方を援用しながら，授業づくりをすることになる。はじめからオリジナルな授業実践を行うことは不可能であるからである。

　そして，しばらくすると学級の子どもの姿が記述されるようになってくる。

> 昼休みには，学校内を散歩していたO.Mさんと二人で過ごした。多人数で仲良く遊ぶことも大切だが，一人でいることの多い，なかなかつかめないO.Mさんのような子には，自分から積極的にかかわりにいくことが必要だと思った①。(20181001：S教生)〈下線は筆者〉

　ここでは，具体的な子どもとのかかわりを通して，教育実習生自身の子どもとの接し方について考察している。考察の対象が自分自身へと反転しているのである。しかも，子どもの固有名も示されている。このような子どもの言葉や姿が記述され，自分自身が分析されることへの変化は，教育実習生の成長を考えるうえで重要である。対象化した子ども理解ではなく，関係性の中で捉えた子ども理解へと変容している。別言すれば，客観的理解から実感的理解への変容である（齊藤・櫻井 2013: 80）。下線①「O.Mさんのような子には，自分から積極的にかかわりにいくことが必要だと思った」のように，

自分に何ができ，どうあるべきかについて省察している。それは，観察者から教師へ変容する姿であり，教師としての成長の姿である。

> T.C さんは探検先の和菓子屋さんで，「鳥の子餅」のコーナーに行き，しばらく眺めた後，私に「何で鳥なの？」ときいてきた。そのようなことを言われるまで自分で考えたことなどなかったので，子どもと多く接してこそ，子どもの興味に即した授業がつくれるようになるんだなと思った。<u>教師として子どもの眼を身につけていきたいと思う</u>②。(20181009：S教生)〈下線は筆者〉

　上の実習日誌の記述のように，下線②「教師として子どもの眼を身につけていきたいと思う」というS教生は，子どもとかかわることを通して，子どもらしい見方や感性，思考の論理の存在に気づき，個性豊かな個としての子どもを発見しているのである。そしてまた，教師として身につけるべき資質や能力を自覚化しているのである。このようなS教生の姿からは，教育実習とは「子どもの発見」の機会であり，それは子どもの言葉を発見することによって支えられている。そして，「『子どもの言葉の発見』によって……教師としての自分自身の有り様も変わる」(齊藤・櫻井 2013: 82)のである。その意味で，教育実習校での経験は，教師としての成長にすでに関わっているのである。

　つまり，教育実習生は実習日誌を書くことによって，子ども理解を深めるとともに，自分自身の姿を振り返り，教師としての自分の姿を見出していく。指導教員は，教育実習生が「実習日誌というメディアを通して，自分自身と向き合い，子どもを見つめ直す契機」(齊藤・櫻井 2013: 80)となっていることをあらためて自覚するとともに，教育実習生が教師としてよりよく成長することができるように，効果的な活用法を検討する必要があるであろう。

5. 手立てとしての授業記録

　授業改善のあり方の一つとして「主体的・対話的で深い学び」が求められている。対話を大切にするならば，教師と子どもがどのように対話を行っているのか，その事実に基づいた記録を残し，その事実に基づいて授業を振り

返る必要がある。それは，未来の教師である教育実習生の授業においても同様である。なぜなら，「子どもと教師，教室と学校の善さや課題との謙虚な出会いを得てさらに思慮深く探究していく意識を磨く」ために，「授業は記録をとりながら参観する，という姿勢こそ教師となるための学びの『はじめの一歩』となる」（次山・小林 1989）からである。また，「子どもたちの発言や行動に，耳を傾け目を凝らして，その発言や行動の意味するところは何なのか」（鹿毛・藤本 2017）を読み解く力を身につけてほしいからでもある。さら

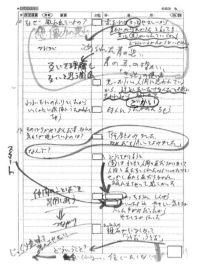

図7.1　授業記録

には，授業における対話のありようを検討し，授業の別様の展開可能性を見出すことで，対話を促す教師としての成長を期待するからである。

　筆者は，教育実習生の授業をすべて**図7.1**のように記録をとり，分析し，放課後に授業を省察する際に活用している。そして，授業者に渡すようにしている。なぜなら，授業記録の取り方を指導されることはまれであるため，一つの例となるようにするためである。授業記録をもらった教育実習生は，次のようにその意義を捉えている。

　（S教生）細かく自分の行動と児童の反応が記入されており，自分では意識していなかった行動や癖などが明らかになった。国語の授業では，特に言葉のちょっとした違いで，児童の捉え方は大きく変わってしまうため，先生の授業記録を見ることで省察ができ，またアドバイスも書いてくれたので，そこからどのようにすればよかったのかなど考えることができた。
　（T教生）自分が授業をしているときの様子を細かく書き込んでいただけたので，授業の振り返りにとても役に立った。授業のさりげない言葉やしぐさ，そしてそれが児童たちに与えていた影響などを把握することで次の実践に生かすことができた。私の場合は，児童と接するときにしゃがんで接しているとコメント

> をいただいていて，児童と目線を合わせて接したいと考えていた私には，良い
> と捉えられるコメントだった。

　具体的な事実を示しながら発話を解釈し，教育実習生の行為を価値づけた
りアドバイスしたりしているため，次の授業実践に向けての励みや参考にな
っていることがわかる。

6.　教材研究と大学での研究をつなぐ

　これまでに経験した教育実習生の姿を通して気づくことは，教材研究の方
法がわからないと思っていることである。そのため，多くの教育実習生は教
科書の赤刷りや指導解説書などを読む以上には教材研究が進まない。

　大学では，さまざまな教科教育の指導法や多様な専門分野について学んで
きているはずである。しかし，教育実習でそのような学びや経験を活かすこ
とは簡単なことではない。教材研究では，多様な専門性の視点を活かしなが
ら教材に対する見方や考え方，アプローチの仕方や問いの立て方を生かし，
教育実習生自身に自覚化させることが重要である。そのためには，さまざま
な指導法や専門分野の見方や考え方を教材研究のために援用した教材開発を
経験することが，大学での学びを教育実習と結びつける重要な結節点となる
はずである。このことは，子どもに汎用的な資質・能力を身につけさせるこ
とと同一である。教材研究や授業づくり・授業実践のプロセスは，それ自体
が問題解決のプロセスと同じである。調べたり教材を作ったり実践したりす
る中で，新たな疑問や課題が見つかったり，教材や発問を改善したり，別の
代案を考えたりしながらよりよい授業を構想する。そして振り返り，省察し，
次時へと生かす。つまり，よりよい授業のために探究し続ける学びである。
このような学び方は，問題解決学習そのものである。

　また，大学と学校現場を往還する学びの場も重要であろう。学習指導案を
立案するにしても，現実の教室や子どもの姿のない学習指導案は，机上の空
論に過ぎない。つまり，具体的な子どもの実態をつかみ，児童観を明確にも
つことができるように，特定の学級を観察しながら対象を設定して学習指導
案を立案することが，教材研究を深め，より実践的な学びを実現するのであ

る。

　さらには，教育実習での学習指導案と授業実践をより実りあるものにするために，自分の実践を踏まえた「改善指導案」を作成することもできるであろう。教育実習で授業実践した経験をさらに実りあるものにするためには，自分の授業実践を振り返り，教材理解や子ども理解を深め，指導案を改善するというリフレクションのプロセスが大切である。自分の授業実践からは，発問が子どもに正確に伝わらなかったり，教材の解釈や子ども理解がずれていたり，子どもの発言を板書にうまく整理できなかったりしたことなど，実感的な理解をもつことができる。あるいは，子どもとのやりとりの仕方を捉え直したり，子どもの関心や発想をより生かすための手立てや展開を構想し直したりすることもできる。そこで，自分の指導案を授業実践に基づいて書き直してみるのである。そのような「大学での学び⇒教育実習⇒大学での学び」の往還によって，教育実習生の実践的な授業力は伸びていくであろう。そのためには，教育実習生の授業をビデオカメラで記録しておくと，自分自身の実践の姿を観察したり客観的に分析したりするうえで役立つ（五十嵐ほか，近刊予定）。

　本節末に，教育実習生の研究授業の学習指導案（**表7.1**）と授業実践後の「改善指導案」（**表7.2**）を紹介する。指導上の留意点や評価内容や方法が具体的で詳細になり，学習課題も再設定されていることに気づく。

7.　おわりに

　教育実習を通して成長するのは教育実習生だけではない。授業づくりという問題解決を協働して行うことを通して，指導教員自身も成長するものである。指導教員が自分の授業観や教育観を語ることは，教師としての自己を見つめ直し問い直すことでもある。また，個性豊かな教育実習生の授業を観察することで，自分自身の授業づくりや学級づくりを反省し，学ばされることも多い。時には，「この教育実習生の授業や姿は，自分自身そのものだ」と感じることさえある。

　教育実習生の「教師としての成長」はすでに始まっている。数年後には，

赴任校が違ったとしても同じ教職に就き，ともに学び合う仲間になることを期待し，そして，教育実習校が「教職母校」となることを願っている。

表 7.1　研究授業の学習指導案

第 1 学年　道徳学習指導案

令和○年○月○日（○）第○校時
第 1 学年　3 組　35 名
授 業 者　○　○　○　○
指導教諭　○　○　○　○

1. **主題名**　がっこうでたのしく【C　集団生活の充実】
2. **資料名**　「とりかえっこ」(編集委員会　光村図書)
3. **主題設定の理由**
(1) **ねらいとする価値について**
　本主題は，小学校第 1 学年及び第 2 学年内容項目「先生を敬愛し，学校の人々に親しんで，学級や学校の生活を楽しくすること」を深めることを意図したものである。人は社会的な存在であり，家族や学校をはじめとする様々な集団や社会に属して生活している。それらにおける集団と個の関係は，集団の中で一人一人が尊重して生かされながら，主体的な参加と協力の下に集団全体が成り立ち，その質的な向上が図られるものでなければならない。学級や学校全体に目を向けさせ，集団への所属感を高めるとともに，集団の意義に気づき，集団の活動に積極的に参加し，充実した集団生活を構築しようと努力することが大切である。学校を愛する心を深め，集団で役立とうとするこれからの自分の在り方を考えられるようにしたいと思い，本主題を設定した。
(2) **子どもの実態について**
　児童は，係活動や虫の世話など自分の役割に対し責任を持って行う姿や，友達の作品のいいところを認め合える姿が見られる。周りを認め合える雰囲気であるからこそ，学校や学級の楽しいことを見つける活動を通して，改めて自分の所属する集団の良さを見つけさせたい。さらに学級や学校の生活を自分たちで一層楽しくしようとする積極的な態度を育てたい。
(3) **読み物資料について**
　本資料は，勉強を嫌がる 1 年生のしょうたが，幼稚園に通う自分にそっくりのしょうたに出会い，1 日だけ小学校生活と幼稚園生活をとりかえっこし，小学校生活を体験したしょうたから学校の楽しいことを聞き，小学校の楽しさに気づくというお話である。教材が漫画のレイアウトで構成されているため，どこをみていいか混乱しないように，拡大した教材を作成し，内容が児童に伝わるようにする。幼稚園生のしょう

たが学校で見つけた楽しいことを児童に考えさせることで学級の楽しいことを再認識し，学級の良さを実感させたい。1年生のしょうたの心の変化をとらえ，自らもよりよい集団生活をしていくためにしていきたいことを考えさせ，物語と自分の生活を自然に繋ぎたい。いずれも書く活動を行うことで，自分の意見を発表しやすい環境を整えたい。

4.　本時の学習指導

(1)　**ねらい**　学校や学級の楽しいところをみつけ，もっと学級を楽しくしようとする態度を養う。

(2)　**本時の展開**

過程	予想される児童の活動（◆主な発問）	○指導上の留意点　　★評価
導入	1.　登場人物をつかむ。 ◆1年生のしょうたくんがおちこんでいるのはなぜか。 ・友達と喧嘩した。 ・物を壊した。 ・学校がつまらない。 ◆しょうたくんが「あしたはぼくが，がっこうにいく」といったのはなぜか。	○登場人物の確認とともにお話の想像を広げ，物語を聞きたい気持ちにさせる。 ○1年生のしょうたくんが学校を嫌になっていることをとらえる。
	1年3組をもっと楽しくするためにやってみたいことはなにか。	
展開	2.　「とりかえっこ」を読んで話し合う。 ◆幼稚園に通っているしょうたは，小学校でどんな楽しいことをみつけたか。 ・友達とおはなしすること ・友達と氷鬼をすること ・たくさん笑ってること ・ドッチボールすること ・踊りの練習 ◆1年生のしょうたが「あしたはぼくが，がっこうにいく」といったのはなぜか。 ・学校に行きたいと思ったから。 ・楽しいことをもっと見つけたいと思った。 ・成長したいと思ったから。	○ワークシートの吹き出しに，学校や学級の楽しいことを書くように指示する。 ○板書では児童の意見をマインドマップのように整理・分類して見やすくする。 ★学校・学級の楽しいことを自分なりに考えてワークシートを書いている。（ワークシート） ○1年生のしょうたの心の変化をとらえさせる。
まとめ	3.　自分の生活を振り返る。 ◆1年3組をもっと楽しくするために，やってみたいことはなにか。 ・みんなと遊ぶ。・みんなとお話しする。 ・けんかをしない。・係の仕事を頑張る。	○児童にカードを渡し，黒板には模造紙を掲示し，自分がこれからやっていきたいことをカードに書き，貼る。

5. 板書計画

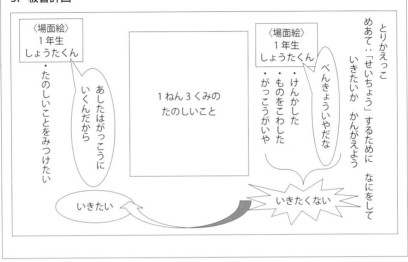

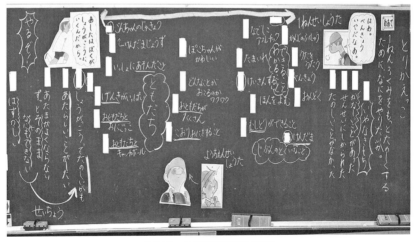

図7.2　研究授業時の板書

表7.2　授業実践後の「改善指導案」(本時部分)

1. **主題名**　がっこうでたのしく【C　集団生活の充実】
2. **資料名**　「とりかえっこ」(編集委員会　光村図書)
3. **主題設定の理由**

　　　　　省略

4. **本時の学習指導**
(1) **ねらい**　学校や学級の楽しさを考え，もっと学校や学級を楽しくしようとする態度を養う。
(2) **本時の展開**

過程	予想される児童の活動 (◆主な発問)	○指導上の留意点　★評価
導入	1. 登場人物の状況や気持ちをつかむ。 ◆1年生のしょうたくんがおちこんでいるのはなぜか。 ・友達と喧嘩した。 ・物を壊した。 ・学校がつまらない。	○登場人物の確認とともに物語の想像を広げ，物語を聞きたい気持ちにさせる。 ○1年生のしょうたくんが学校を嫌になっていることをとらえる。 ★物語を想像し，意欲的に聞こうとしている。
	「とりかえっこ」をして，小学生のしょうたくんは何が変わったのかな	
展開	2.「とりかえっこ」を読んで話し合う。 ◆幼稚園に通っているしょうたは，小学校でどんな楽しいことをみつけたか。 ・友達とおはなしすること ・友達と氷鬼をすること ・計算のじかん ・ドッチボールすること ・踊りの練習 ◆1年生のしょうたが「あしたはぼくがっこうにいく」といったのはなぜか。 ・学校に行きたいと思ったから。 ・楽しいことをもっと見つけたいと思った ・成長したいと思ったから	○板書では児童の意見をマインドマップのように整理・分類して見やすくする。 ○見出しは，〈できる・わかるようになったこと〉，〈新しいこと〉，〈友達や先生，上級生とのかかわり〉などで分け，これらが学校の楽しさであり，幼稚園生しょうたは「進化した気分」と言っていることを取り上げる。 ○1年生のしょうたは，幼稚園生のしょうたが1日で進化した気分になっているのを見て，全く成長していない自分がいることに気づいたことを捉えられるようにする。 ★資料をもとに考えたり発表したりしている。(発言・つぶやき)
	3. 自分にとっての学校や学級について考える。 ◆学校や学級とはどんなところか。 ・成長できるところ ・進化できるところ	○学校や学級の楽しさは，できるようになったり，他者とかかわったりすることで生まれ，自分の成長につながることに気づくことができるようにしたい。 ★自分にとっての学校・学級の楽しいことを自分なりに考えて発表している。(発言)
まとめ	4. これからの自分の生活でできることを考える。 ◆1年3組をもっと楽しくするために，自分にできることや，やってみたいこととは何か。 ・みんなと遊ぶ。 ・みんなとお話する。 ・けんかをしない。 ・係の仕事をがんばる。	○児童にハート型の付箋紙を配布する。 ○取り組んでみたいことや頑張りたいことを書いた付箋紙を，ホワイトボードに貼るように促す。 ★学校生活をよりよくするために，学級や学校生活を思い出し，自分のこれからの行動を考えて書いている。(カード)

● 注

1)「教材研究」の語には，広義と狭義の意味がある。広義には，授業のあり方や
進め方など授業の全般について総合的に検討することであり，教師の発問や指
示のあり方，学習活動の組み立て方，板書構成，評価方法など，多様な内容を
包含する。狭義には，授業で使用する教材そのものを検討することであり，教
材の解釈や教材を通して何を学ばせるのかなど，教材の価値や意味を分析・検
討して，教材についての深い理解を形成することである。子安は広義の教材研
究を「教材化研究」，狭義の教材研究を「教科内容研究」と言っている（子安
2016: 6-7）。

● 引用・参考文献

五十嵐素子・森一平・團康晃・平本毅・齊藤和貴・鈴木美徳編著（近刊予定）『子
どもの豊かな学びの世界をみとる―これからの授業分析の可能性』新曜社
鹿毛雅治・藤本和久編著（2017）『「授業研究」を創る―教師が学び合う学校を実現
するために―』教育出版
木村優・岸野麻衣編（2019）『授業研究　実践を変え，理論を革新する』新曜社
子安潤（2016）「面白さ・中立性・生活ベースの教材研究」広島大学附属小学校学
校教育研究会『学校教育』2016 年 3 月号
齊藤和貴・櫻井眞治（2013）「教育実習における『子どもの発見』と教師としての
成長」東京学芸大学教育実践研究支援センター紀要　第 9 集
澤井陽介（2017）『授業の見方　「主体的・対話的で深い学び」の授業改善』東洋館
出版社
次山信男・小林宏己編著（1989）『授業記録のとり方活かし方』東洋館出版社

第2節　公立小学校ならではの実習

——公立小学校教諭　長澤仁志

　公立小学校では，複数名の学生が一つの小学校に配当されても，一つのクラスに全員が配当されるわけではない。「一人の学生に対して，一人の指導教員」があたる，マンツーマンの指導を受けることが多い。すべての実践を実習生自らでやらなければならない責任の重さもあるが，やりたいことを思い切りできるよさがある。

1. 実習の計画

　筆者は附属校で10年勤務した後，都内公立校で6年勤務した。その公立校勤務時代に3回，3名の実習生の指導に携わった。その際，以下の3点を考慮して教育実習の計画を立てた。

(1) 課題と目標

　初めての実習ならば，まずは「現場を知ること」が重要である。今まで単なる憧れの職業としてや自身の子ども時代の経験からの漠然としたイメージから「教える立場」になるのだから，まるで違った意識が必要となる。小学生対象のアルバイトや小学校でのボランティア活動で子どもとのかかわりがあったとしても，指導者としての自覚が加わらなければならない。

　附属校などで実習を行ったならば，その時の成果と課題を日誌にまとめているはずなので，過去の実習日誌から振り返らせたい。複数名で取り組んだチームとして活動するよさを学びつつ，その分一人ひとりの活躍の場は限られていたはずである。子どももみんなが寄ってきてくれたわけではないだろうし，自分から全員を意識して取り組まなければならないことも少なかったはずである。

　そこで，実習が始まる前に学生には「やりたいこと」を明確にさせる必要がある。大学で学んでいる専門教科，部・サークル活動などから活かせるこ

と，成果としてもう一度取り組みたいこと，課題として改めて実践してみたいことなどである。また，子ども全員をできる限り把握することや学習中，休み時間なども含め子ども全員に声をかけることを明確な目標としてもたせたい。

(2) 1日実習

　附属校での実習との最大の違いは，まるまる1日を担任代わりとして過ごす1日実習が行えることである。指導教員は教室内にいるが，朝，教室に入ってから，下校後の戸締りまで，すべてを経験できる日である。附属校の実習では，初めての実践ということもあって授業を続けて行うことはない。実践の振り返りや反省・次の計画のためにも，なるべく連日にならないように配慮していた。

　実習生にとっては続けて授業を行うだけでも大変で，一つの授業が終わったらすぐに次の準備をしなくてはならない。教室移動や，学校行事の都合，その日職員の朝会で共通理解が図られた内容も伝えなければならない。こういう実践の日を設定することで，略案で授業を行うことに加えて，現実的な実践ができること，1日の組み立てを考え必要な準備や評価の計画を立てられること，45分という1単位時間以上に長いスパンで，子ども一人ひとりに対して声をかけられるようになること，朝の時間や休み時間の有効な活用を工夫できることなどに取り組むことができる。より現場の人材としての活躍ができるのである。

(3) 行事への参加，実習後の参観

　学校では，行事を通して子どもの成長を促すことがある。また，特別な行事だからこそ活躍する子どもの姿もある。実習生がさまざまな行事に関わることは，学校側からすれば，素早く動いてくれる貴重な人材としての期待もある。運動会の用具係や学芸の大道具係，音楽会の楽器のセッティングなどである。

　実習期間中の後でも，宿泊行事や授業研究会への参加も考えられるであろ

う。実習で築いた教員や子どもとの関係を活かしてこその取り組みである。宿泊行事においては，子どもの様子を知っているからこそのサポートが可能であり，朝から晩まで，集団生活での指導場面を学ぶことができる。学生にとっては，学校では見られなかった子どもの一面を見ることもできるだろうし，それに対する教員の具体的な指導例を見ることにもなる。

　授業研究会では，協議会での話し合いの様子や講師の指導助言についても知ることができる。現場の教員がどのように研究しているか，実習指導とは一味違う学びができるのである。いろいろな授業実践を見ることも含め，今後の教員経験において重要な経験となる。

2.　日々の指導の工夫

　次に，実習期間中における指導について述べる。実習生指導は，日々の業務に取り組んでいる中で，付け加わる内容であるから，実習生を受けもつことに難色を示す教員もいる。しかしながら，自身もそういう先輩たちから学んできたはずなので，後進の指導，次世代の育成と使命感をもって取り組みたいものである。

(1) 日々の振り返り

　学生によっては「振り返りの会」とも「反省会」とも称しながら，その日を振り返る時間である。実践した授業がどうであったか，次時どうしていくか，子どもがどう過ごしていたか，問題行動をどのように捉えどのように解決策を図ったかなどを話し合う。実習期間の初めの段階では，子ども一人ひとりの様子の把握や，名前と顔を一致させることが重点である。

　指導教員が，校務分掌の話し合いや保護者対応などで，すぐに話し合いがもてない場合もある。そういう時のために，実習日誌の記載，ワークシートのコメント入れ，次時のために準備できることなど，やらなければならないことをあらかじめ指導しておく。時間を有効に使う実践にもつながる。また，子どもを目の前にした緊張から少し解き放ち，ゆとりをもって明日へつなげられるようにもしたいものである。

(2) 授業記録

　実習第1週では，参観時に座席表を作ることや子どもの表情が見える場所で参観することを指導する。具体的には教室の前方横からの参観である。教室後方からの参観だと，教員の指導を見ることはできるが，子どもと同じ視線になってしまう。指導に対しての子どもの反応や，子どもの発言に対しての教師の指導，話し合いの舵取り役，きちんと耳を傾ける様子などを見取らせたい。また，個人活動やグループ活動の際には積極的に席の近くに寄れるように実習生に指導しておく。参観時の授業記録の取り方として，「いつ（何時何分），誰が，どんな発言をしたか，どんな活動をしたか」を基本とし，実習が進むにつれて，「なぜその活動に至ったかの考察」までメモできるとよい。後に授業実践が始まったら，指導教員の授業記録から同じような視点で指導していけるとよい。授業後の完成した板書を撮影しておくことも有効である。

(3) 日誌のコメント

　初めて指導者としての実践をするにあたって，さまざまな不安を抱き，なかなか自信をもてないタイプの実習生がいる。そういう実習生には，まず自信をもたせるためによいところを見つけたくさんほめるようにしている。自身では意識していなくても，子どもの表情が輝いていたり，伸びを感じたりする場面では，すかさずほめたい。実習生がほめられて笑顔になる姿は，子ども同様，次につながるものである。

　日誌でのコメントでは，アンダーラインや大きな花マルも有効であると考えて使用している。指導観に対して同意できることも，指導者としての具体経験などを踏まえて記述している。

　自信満々のタイプには，それなりに活躍できれば問題ないのだが，過剰の自信が先走らないようにしてあげたい。そのためには，厳しい指導の中にも授業を通してねらいたいことをしっかり伝えたり，指導者自身も悩んでいることを打ち明けたりしたい。授業記録やノート，作品，板書記録などの客観的な事実からよりよい方向に導いていくことが大切である。マイナス面の指

導は，日誌に残さないようにし，直接話すようにしている。日誌にはよい点
が残るようにするのである。

　誤字脱字は付箋紙を活用し，実習生自ら修正できるように配慮している。
また，専科などの空き時間や，実習生に任せられる給食指導の時間などを活
用しコメントを入れる姿も隙間時間の有効活用を背中で語ることになってい
るはずである。

（4）ICT の活用

　授業の実践や完成した板書をデジタルカメラやタブレット端末で記録して
おき，振り返りに活用することはとても有効である。しゃがんで子どもと目
線をそろえて机間指導する姿，板書でのポイントの強調，「できた，わかっ
た」を実感している表情をする子どもとそれを喜ぶ実習生のツーショットな
ど，次の実践時にも生かしてほしい瞬間を視覚的に自覚させたい。

　体育，音楽などでは動画が活躍する。実際のパフォーマンスはどうだった
のか，改めて見ることができる。必要に応じて，次時の子どもへの指導資料
ともなりうる。

（5）未来の同僚としての認識

　指導している実習生は，将来同僚となる可能性を含んでいる。仮に次年度
隣のクラスの担任であるかもしれないことを考えると，その時に身につけて
おいてほしいスキルや，仕事での動き方など数々の期待したいことがあげら
れるはずである。教室内の掲示物や，学級通信の作り方，日々の宿題の出し
方など，指導の意図や，工夫のポイント，ちょっとした『おばあちゃんの知
恵袋』的な知識などを語っていくことも重要である。具体例として，「掲示
物の四隅を画鋲で止める」「掲示物の水平がしっかりとれるように配置する」
「学級全員が掲示されていることを確認する」「誤字脱字をチェックする」「連
結クリップ（ツーダンクリップ）の活用」「天井近くに厚手の紙の短冊を貼り，
画鋲を使わずすぐに掲示できるようにする」「壁に針だけ残った画鋲がない
ように確かめる。もし見つければ，ラジオペンチなどで除去する」など。例

えば，放課後や空き時間の指導として，子ども作品の掲示をお願いし，工夫のポイントがわかりやすいように仕事を通して理解させるのである。

　また，実習生は，指導教員が経験ゆえに忘れかけていることを再認識させてくれる存在であるとも捉えたい。若さゆえのパワー，子どもとの距離の近さ，接し方の妙など，初心を思い出させてくれるものである。

3. 学生の成長と課題

　学習指導案を立案することから，数本，もしくは連続した授業実践を学生が行えることを目標とすることは，前述の通りである。それでも，教育実習の短い期間だけで，その力が身につくわけがない。当然のことながら大学に戻り，さらなる課題意識をもって学び，教員採用試験に臨む準備をしてもらいたいものである。

(1) 子どもとのかかわり方の変容

　実習を通して日々の学生の表情がどんどん変わっていく姿は，指導する身としても大変嬉しいものである。子どもも慣れてきて安心してかかわる姿を見られるようになると，学級に副担任がいてくれるようにも感じる。現場の教師の声として，「指導案を書いて小癪なことを述べるよりも，子どもと笑顔でかかわれる先生に期待している」というものを聞いたこともある。単に子ども好きから，指導者としての成長を期待しつつも，根本は，子どもとどうかかわれるかを問われているようにも感じる。

　特に低学年では，自分の頑張りや自慢を担任に聞いてほしいと思っている子どもが多い。それが信頼関係の構築によって，学習中の活動においても，「見て，見て」「先生，あのね……」と笑顔で実習生に寄ってくる子どもの姿を見られると，実習期間の中での成長を感じるものである。休み時間の他愛ない会話や，遊びの中の姿から，子どもと接することを楽しめている様子はたくさんほめて伸ばしていきたい。

(2) 評価活動

　実習を通して子どもとのコミュニケーションを図れるようになる学生の姿は，大きな成長の証である。同時に課題として求めていきたいのが，一人ひとりの見取りである。担任としての評価活動とまではいかなくとも，学級の子ども全員にまんべんなく指導と評価の視点を当てることができているかを自問自答してほしいものである。具体的に「何を」「何で」「どう評価するのか」評価規準と基準を明確にして，一人も漏らさずに見取ることがいかに難しいかを実感してほしい。それは，1単位時間での具体的な評価から，単元全体を通して評価する段階，そしてそれが，学期を通した評価につながる一歩として見通しをもってもらいたい。

　授業実践後のノートやワークシートのチェックから，一覧表に書き出し，どの子が素晴らしかったか，どの子に支援が必要か，そして，十分見取れていない子はだれか，だからこそ次時の評価重点対象はだれかなどを振り返り，準備しておくことの大切さを知らしめたい。

(3) 要配慮児童，要支援児童に対して

　食物アレルギーや持病など，健康面で配慮の必要な子どもや，コミュニケーションに難をかかえている子どもも多くなってきている。学校現場では，それを担任一人でなく，学年，保護者，管理職はもちろんのこと，特別委員会，外部組織とも連携を取り合いながら指導に当たっているものである。そういう担任の姿をさらけ出すことは厳しい面もあるが，それこそが，現場の実態であるともいえる。守秘義務の遵守とともに，日常でどのような苦労があり，どのように指導していくかをありのままに見せていきたいものである。

　実習生がそのような児童とのかかわりがあった際に，指導教員に報告することをあらかじめ指導しておきたい。それは，のちに自身が一人で抱え込まないことや複数の目で指導に当たること，教員間のコミュニケーションの活性化にも繋がる。指導教員にとっても，頼れる「もう一つの視点」となってくれるはずである。実習生が指導をしている際には，指導教員がT2（「ティーム・ティーチング」におけるサブ。メインがT1）として，その児童がどうであ

ったか，「現状での担任目線からの見取ったこと」を積極的に話す機会があってもよいと思う。

　膝をついて，その子の目線で話す。手をつないで，一緒に歩く。机の上やロッカー，荷物掛けの片付けを手伝う。などなど，ほんの些細なことでも，担任からすればありがたいことなのである。

(4) 保護者とのコミュニケーション，地域への関わり

　どんなに教育実習で頑張っても指導しきれない点が，保護者とのかかわり方である。数少ない機会としては，指導の合間の面談や連絡帳，学級通信などでさまざまな連携をとる姿を指導教員として見せることができるはずである。

　また，実習校独自の地域性もあるはずである。学校行事の一端から，もしくは，地域行事に無理ない程度に参加することで，どのように教員が関わっているかを見せることができるのではないかと考える。

(5) 教材研究の視点

　教師ももちろんのこと，社会の一員として生活し，自活し，家族を養っているものである。その日々の生活の中から，教材研究の手法として，時事問題や指導する学年の学習内容に関わるネタの収拾に励みたいものである。具体的には，新聞を読むことをお勧めしたい。斜め読みでも構わないので，社説，コラム，教育欄，地域欄などは目を通しておきたい。また，投書欄には，保護者目線，子ども目線，教師目線のものも多いので，多角的な意見を知ることができる。できれば，複数紙に目を通し，表現の違いや，比べ読みまでできると理想である。

　24時間365日とまではいかなくとも，つねにアンテナを張り，「お，これは次の授業に生かせそうだぞ」と物事を捉える視点をもってほしい。そして，大学に戻ってから，現場との比較を振り返り，自身の専門性と，得意分野と，興味関心を引き出すことにつなげてほしいものである。

第 3 節　教師をめざすか　めざさないか──3 週間の実習日誌から

──義務教育学校校長　山口晃弘

1. はじめに

・教育実習生は毎年やってくる

筆者の学校では毎年数名の教育実習生を受け入れている。

教師としての資質を磨くのが教育実習の目的である。学生は授業力や生徒指導力を身につけたい等という希望をもっている。もう一歩進んで就職のためのコネクションを教育実習で得たい，という学生さえいる。

その一方で，そこまでの目的を見出していない学生もいる。「その答えで成績が変わることはない」と前置きして教員採用試験の準備や現在の就活の状況を聞き出すと，「実は教師になるつもりはない」「（単位が）落ちない程度にがんばる」「企業から内定をもらっている」「就活の行方の方が心配だ」という，つまり単位を得たいだけのために教育実習をしている学生がいる。単位は，卒業認定や免許状取得につながるからだ。そういう学生にはそれなりの対応の仕方がある。

・教師になるという前提でいいのか

しかしながら，実習生受け入れの実務を担当する指導教員の意識は，教職に就く教員を育てることが前提である。「教師としての成長していく第一歩として，そのきっかけを得てほしい」と考えている。実習計画もその前提で立てている。そこに実習生が「実は教員になるつもりはないが，教員免許の取得のため単位だけはほしい」と伝えれば，担当する指導教員はがっかりする。時間をかけて指導する気をなくしてしまう。

・教育実習の真の目的は？

実は，第三のパターンの学生もいる。最初は教職を選ぶ気はなかったが，生徒とともに学校生活をしているうちに「一生の仕事として選ぶ教職の魅力に気づいた」という学生だ。

大学では，これまではさまざまな教育に関する講義や，指導案演習，模擬

授業などを通して学んできている。教育実習では，実際の生徒たちの動きや気持ちを理解したり，現場の教師とともに活動したりすることでしか解らない熱意や愛情を知ることができる。

　教育実習の前後で教職に対する見方が大きく変わることはよくある。「学ぶ」立場と「教える」立場は全く異なるからだ。教育実習は，実践的な経験を通して，教師としての資質を身につけていく過程である。実際の教育現場は，実習生が生徒の立場として経験し，想像しているものと，教師の立場として実際に経験するものとでは，大きく異なっている。

2.　先入観を捨てよう

> 【実習日誌・2日目】今日は副校長先生をはじめ，進路指導主任，保健主任からの講話が続き，生徒に接する時間が少なかった。明日までに座席表を丸暗記し，担当する学級の生徒の顔と名前を早く覚えられるようになりたい。

・指導する側なのか，指導される側なのか

　実習生の立場は難しい。時と場合によって変わる。

　指導教員の前では指導を受ける立場になる。「先生」ではなく「実習生」として指導される。

　しかし，教室では指導をする立場になる。特に，生徒の前では一人の先生として授業を行い，学ぶ雰囲気をつくったり，集団生活のルールを乱す生徒を率先して指導したりすることが求められる。ときには保護者も「先生」と呼んで立ててくれる。

　生徒からすれば「実習生」ではなく「先生」であり，指導する側である。勉強のことで相談があるとか，いっしょに遊んでほしいとか，実習生を教師として認めている生徒がほとんどである。

・生徒は実習生にどのように振る舞うのか

　とはいうものの「実習生の指導に素直に従う純朴な子どもたちがいきいきと授業を受けている」という，そんな現実はほぼない。実習生を教師として受け入れない一部の生徒はいる。学年が進行するほど多くなる傾向にある。

【指導教員から】生徒の特徴を覚えてきたら，あまり目立たないと思える子や自分から寄って来ない子に目を向けてください。毎日全員に声をかけてください。教室だけでなく廊下や校庭でも，休み時間，給食，放課後など。話しかけられるのを待っている子もいます。

　中高生だったときの自分を振り返るとわかる。学級委員長や生徒会長などを務め，真面目でしっかりした素直な生徒はいた。しかし，そのような真面目でしっかりした素直な優等生は一部である。むしろ，友達が少なく孤立しがちだったり，好きな教科ときらいな教科で授業態度が違ったり，問題を起こして呼び出されてばかりいたり，授業中内職をしたり寝てしまっていたり，何かある生徒の方が多い。さまざまな事情を抱えた個性豊かな生徒集団の中に入っていくので，生徒の振る舞いもさまざまである，と思っていた方がよい。

【実習日誌・4日目】子どもたちとの関係も少しずつ築くことができてきた。一部だが，自分に慣れ，気軽に接してくる子も増えてきた。

・教育実習生はどう振る舞えばいいのか

　では，実際，実習生はどう振る舞えばよいのか。

　実習生が「不健康で運動はきらい，しかも自分のことばかり優先させ，学校の不平不満ばかりを言う」人物だったら，どんな生徒でも残念に思うだろう。反対に「若くて健康で子ども好き，真剣によい授業をすることを考えている」人物だった方が生徒には望ましいのだ。

　生徒には，実習生として仕事に真剣に向き合っている姿を見せよう。学校のルールには当然のように従う。指導教員の指示やアドバイスにはいちいちメモをとり，少々疑問に思うようなことがあっても，素直に聞き入れ，言われた通りに行動しようとする。

　そのうえで，生徒の前では，先生のように振る舞う。授業中は毅然として指示を出す。つまずいている生徒には優しく支援をする。そのために，まずは，生徒の様子をしっかり観察しよう。

153

3．子どもの実態をよく観察しよう

> 【実習日誌・6日目】同じ内容の授業参観をしたが，クラスが別だと内容は一緒でも雰囲気が変わるのだと実感した。それでも，映像を使うと生徒の興味が広がるところは同じだった。

・生徒理解はどうすればいいのか

　生徒理解は，名簿や座席表を使って，感じたこと，気づいたことをメモすることから始める。それを放課後に振り返る。班長がだれなのか，班編制からつかんだり，学級の組織表でリーダーを調べたり，指導教員に聞いたりするのも生徒理解につながる。継続して授業を見ていけば，発言のようすや回数から生徒の雰囲気がつかめてくるようになる。

・求められる人間関係形成能力

　「交際している人はいますか」「彼女（彼氏）持ちですか」等と生徒がからんでくることもある。1対1ではなく，他の実習生や他の生徒がいる場面でそうなることもある。中学生の場合，一度や二度は確実に聞かれる。どう対応するか考えておいた方がいい。自分が関心をもっていることは聞きたくなるという興味本位な側面もあれば，会話を通して心理的な距離を縮めたいという側面もある。何でその話題なのか，理由まで考えずに質問してくる生徒もいる。授業中であれば，生徒が実習生をからかう雰囲気にすらなる。

　素直に「今はいない」「以前はそうだった」等と対応してもいいし，「君はどうなの？」と聞き返す形でかわしてもよい。たとえ「やっぱり，いない」「シカトかよ」等と否定的な会話になっても，腹を立てるようではよくない。話題を変えたり，その場を離れたり，上手に対応することを心がける。学校では，実習生に人間関係形成能力が求められている。

・よくない行動をする生徒を指導できるか

　生徒を叱るのは難しい。よくない行動といっても，注意を与えるかどうかの基準がわからない。また，注意をした方がいいと思えても，タイミングや言い方次第で，反発される可能性もある。そうなると，実習生と生徒の関係が難しくもなりかねない。つい躊躇してしまいがちだが，ここでも人間関係

形成能力を求められている。どう切り返すか考えておきたい。

　叱るかそのまま黙認するかということに限らず，対応が一つの結論に至らないことは教育ではありがちである。そんなときには担当の教師に相談する。独りよがりの結論を出したり，一人で悩んだりすることは避ける。

4. 集大成の研究授業を成功させよう

> 【実習日誌・7日目】（班新聞を作る場面で）生徒の作業の進み具合はまちまちであった。15分待って白紙のまま子もいる。レイアウトが決まっていない子ほど進行が遅い。

・思った通りに授業は進まない

　実習生の授業で陥りがちな失敗は，時間管理の見込み違いが原因であることが多い。あと5分で終了というときに無理矢理早口で説明をしたり，逆に時間が余ってしまって生徒にやらせることがなくなってしまったりする。見通しが甘いと反省するのもいいが，そもそも生徒が予想通りの行動を取らないことが多いのも事実である。ベテランの教師が指導案を作成しても，その通りに授業が進むことは少ない。

　むしろ，自分の考えた指導案の通りに授業を進めようとして失敗することのないように注意したい。授業の計画は変えてもいい。ベテランの教師は，生徒の状態に応じて，臨機応変に授業の内容を変更している。時間が足りなくなったときにやらずに済ます内容を選んでおいたり，逆に時間に余裕があるときに追加で指導する内容を用意したりしておく。

> 【実習日誌・10日目】導入はうでずもう。体を動かすことで，生徒の興味を引くことができた。途中から授業がうまく進められなくなった。指示出し，説明が抽象的になりがちではないかと反省している。

・失敗を考え過ぎない

　授業の段取りを一生懸命に考え，よい授業，わかりやすい授業をめざすのは実習生本来の仕事として当然である。授業に関する感想を言ってくれる生

徒はいる。それが「楽しかった」「面白かった」だと，うれしいし，やる気が出る。しかし，成績をつけない実習生に対して，生徒は遠慮しない。「間違った漢字を使っている」「字が汚い」「筆順が違う」「言い間違いをしている」というような細かいことから「つまらない」「わかりにくい」「板書が見にくい」「たいくつ」といったストレートなものまで，厳しい評価が生徒から出るかもしれない。残念な気持ちになり，意欲を失いがちになる。

　客観的にいって指導教員にはかなわないし，指導教員の授業の仕方に慣れている生徒に飛び込みで入っている以上，ハンディがある。今だからこそ聞ける生徒の本音だと受け止め，次の授業をよくしようとすればよい。少しずつ授業を改善していけばよい。生徒の授業評価に向き合うあまり，考え過ぎて悩んだり落ち込んだりする必要はない。

> 【実習日誌・12日目】デジタル教科書を利用し，図や動画を見せ，視覚的にイメージをもたせることを心がけた。板書とスクリーンの兼ね合いに気をつけていきたい。

・指導教員のアドバイスを活かす

　指導教員はふだんの授業からさまざまなアドバイスや指導をする。言われたことをやろうとする心構えが大切である。すぐにできることや次の授業で生かせることから行うようにする。

　初期段階の指導教員のアドバイスは，「もう少し大きな声で」「教材の提示をわかりやすく」などの表面的なわかりやすいことが中心となる。しかし，実習の後半では「この授業のねらいは何なのか，何ができるようになればいいのか」「生徒がどのように課題を把握するために授業者はどのような教材の工夫を行っているのか」などの深い内容まで踏み込んでくる。

　最後の週には，大学の先生や校内の他の先生も見に来る研究授業を行う。その授業が教育実習の集大成になる。その日程調整から一仕事である。1週間前には一度指導案の案を作成し，指導教員にアドバイスしてもらう。

> 【指導教員から】定規の使い方や色鉛筆の使い方への指導が必要。書かせた2

種類のグラフを比較するときに，黒と赤を使い分けていたのはよかった。

・研究授業は集団を巻き込む

　授業は生徒が主役となる。ただ，授業者＝実習生のコントロールが欠かせない。声の大きさやテンポに気をつけ，生徒の反応に対応しながら，柔軟な授業進行を心がけたい。そのためにはよく練った指導案の作成が前提となる。その指導案は指導教員と作り上げることになる。

　ただし，指導案がよくできていたとしても，よい授業になる保障はない。指導教員のアドバイスを生かし，十分に準備をして研究授業に臨んでも，思ったようにいかない授業になってしまうこともある。

　ネガティブなことばかり考えていては前に進めない。生徒は，年の近い実習生の研究授業に積極的に協力しようする。そこを生かして，学級の生徒全員を巻き込んだ授業を作り上げたい。

【指導教員から】今日の授業はスムーズに流れていましたね。板書もこれまでとは違い，1時間の活動の目標，予想，結果，まとめがバランスよくまとまって書かれていました。

5. おわりに

【実習日誌・最終日】研究授業に多くの先生方が参加し，丁寧なフィードバックをしてくださった。時間がないとメモをくださった先生もいらっしゃった。明るく元気で素直な生徒が多かった。今までの人生で，こんなに早く過ぎ去って凝縮され充実した3週間は経験したことがありませんでした。このような教職員や生徒に囲まれた環境で教育実習ができたことに心から感謝し，よい教師になれるよう努力していきたいです。

・生活リズムを整えよう

　朝の始業時刻に出勤が間に合わない実習生がいる。少なくとも実習期間中は，早起きの習慣を身につけたい。可能ならば少なくとも実習の一週間前から実習を想定した生活をし，できれば始業時刻の1時間前には登校して控え室で準備を開始したい。「早寝，早起き，朝ご飯」というスローガンは，実

習生にも当てはまる。朝食だけでなく三食きちんととるように心がけてほしい。

　合わせて気をつけたいのは，退勤時間である。特に仕事が少ない日は指導教員に挨拶をして早めに帰宅し，明日に備える。

・実習生の意外なトラブル

　殴ったり，蹴っ飛ばしたりという直接的な体罰が問題になることはまずない。しかし，暴言や行き過ぎた指導が不適切な行為になる場合がある。生徒に精神的な苦痛を与えることも体罰となることを理解しておきたい。

　また，実習終了後も SNS で生徒と交流をしている学生がいた。生徒の方から積極的にアドレスを聞き出し，つながりをもとうとしているようだったが，ダメなことはダメなのだ。禁止されていることはしない。私の学校では，日誌の提出や採用試験の合否の報告に，担当の指導教員に挨拶をすることはあっても，生徒との個人的な交流は許可していない。一方で，学校公開や文化祭の見学は許可している。けじめのある教育実習にしたい。

・有意義な教育実習にしよう

　筆者は，実習が終わって振り返りの場面で「自分に教員としての資質があるのか，一生の仕事として教職を選ぶ意味があるのか，答えが見つかるといい」と話をしている。数ヶ月から1年間行う国もあるが，日本では数週間だけの貴重な期間である。どの実習生にとっても，有意義なものとなることを願っている。

● 考えてみよう！

- ▶ 実際に学校現場で授業実践を行う意義を具体的に挙げてみましょう。
- ▶ 指導案，模擬授業，実習日誌，研究授業の意義を考えてみよう。
- ▶ 教育実習生は校内でどのように振舞ったらよいか，2つの立場から考えてみよう。

第3部

危機管理

第**8**章

危機管理と教育実習

―――――● **本章のねらい** ●―――――

学校に潜むさまざまな問題状況を理解し，危機管理に関する基本的な考え方を学ぶ。それに基づいて，教育実習の場面で直接行う，個人情報の管理や新型コロナウィルス感染症対応の在り方について具体的に考える。

第1節　学校における危機管理

1. 学校に潜むさまざまな危機

　学校の教師は，授業，生徒指導，部活動，保護者対応，PTA活動，地域活動など，さまざま事柄に関わりながら仕事を進めている。教育実習生として，指導教員の指導・助言の下で活動している場合には，あまり自覚していないかもしれないが，学校の管理職はじめ，ほとんどの教師は，日常の仕事を処理するうえで，発生することが予想されるさまざまな問題状況を意識しながら，職務を進めている。

表8.1　学校におけるさまざまな問題状況

〈幼児・児童・生徒に関する問題状況〉
学校事故，いじめ，校内暴力，薬物，飲酒・喫煙，性非行，災害，食物アレルギー，登下校時の安全，児童虐待，感染症など

〈教師に関する問題状況〉
　上司の職務命令・法令等の遵守違反，わいせつ行為，セクハラ，体罰，飲酒運転，個人情報・公文書等の管理，インターネットや PC の不適正な利用など

2. 危機管理の基本的な考え方

　危機管理といえば，事件・事故への対応を思い浮かべる。例えば，小学校で，昼休みに，児童同士でプロレスごっこをしていて，大怪我をしてしまった場合には，事故を発見した教師は，養護教諭による応急措置，救急車の手配，病院への搬送・付き添い，被害児童の保護者への連絡などの対応を行うことがあたまに浮かぶのではないかと思う。

　しかし，ベテランの教師であれば，「プロレスごっこ」「怪我」からいじめの可能性があることを推測するであろうし，また，重傷である場合には，加害生徒や学校に対する損害賠償や訴訟の問題に発展する可能性があることを予想するであろう。マスコミの取材の可能性もあるかもしれない。

　危機管理についての基本的な考え方を確認しておきたい。一般的に，危機管理とは事件・事故が発生した後の「事後の危機管理」であると思われがちであるが，事件・事故が起きないように，または起きても被害を最小限にとどめるための「事前の危機管理」の重要性を理解しておく必要がある。

　「事前の危機管理」「事後の危機管理」は，基本的に四つの局面を想定しておく必要がある。①予測・予知の段階，②防止・忌避の段階，③発生対応の段階，④再発防止の段階である。それぞれの段階において，重視すべきポイントについて説明しておきたい。①予測・予知の段階においては，「気づき」が命である。危機的状況が潜んでいることに，気づけるのかどうかが，危機

図8.1　危機管理の四つの局面

管理のスタートになるからである。②防止・忌避の段階においては，「最悪を想定すること」が重要である。起こりうるあらゆる状況を想定しながら，どう対応すべきかを考えることである。それにより，対応の幅や選択肢が広がり，問題の発生を防いだり，被害を最小限度に抑えることができる。③発生対応においては，「生命・安全優先，子ども優先」で対応することが重要である。一旦事故が発生すると，対応すべき多くの事柄が一斉にふりかかってくる。この時，優先的に対応すべきことは何かということを考えなければならない。この局面では，「生命」「安全」が何よりも優先されなければならない。また，学校では，基本的に，学校や教師の側の事情よりも，子どもの事情を優先して対応することが求められる。④再発防止の段階においては，「信頼の回復」を念頭において対応すべきである。失った信頼の回復は，形式的な謝罪によってではなく，事件・事故を繰り返さない具体的な改善策の着実な実行によってもたらされるのである。

　危機管理において，究極の理想は，事件・事故が起きないことである。これによって，教師は，日常の教育活動に専念できるようになり，問題が起きないことで学校や教師に対する信頼がゆるぎないものとなるからである。

3. 危機的状況への「気づき」を生むもの

　危機管理の基本は，潜在的な危機的な状況への「気づき」にある。「気づき」がなければ，危機管理への意識も，行動も生まれない。

　それでは，「気づき」は，何によってもたらされるのか。ここでは，いくつかについて説明したい。第一には，自らの職務や担う役割に対する使命感，責任感である。しばしば，副校長の皆さんから，副校長になって，いろんなことに気づくようになったという話を聞く。これは，仕事や組織に対する責任を自覚することで，「気づき」が促されたということであろう。そして，第二には，経験の蓄積と実践知の内在化である。多くの人は，自らの生活経験，社会での失敗体験などを，人生の知恵として生かしていく。危機管理に優れた人は，他人の失敗，成功も，自分の知恵（実践知）として取り込むことができるのである。

4. 想定外の危機への対応―東日本大震災，新型コロナウィルス感染症―

　ここまで述べた危機管理の考え方は，「想定できる事態」における危機管理の考え方である。例えば，個人情報の取り扱いなどの問題は，今までの前例を参考にできる事例であり「想定できる事態」にあたる。一方，2011（平成23）年に発生した東日本大震災，2020（令和2）年に深刻化した新型コロナウィルス感染症は，「想定外の事態」「予想を超えた事態」にあたる（佐々木ら 2012）。予想できないだけに，引き起こされる混乱は大きく，被害も深刻である。我々はこのような危機にも対処する智恵を身につけていくことが求められる。

　「想定できる事態」の危機管理においては，基本的に「PDCA サイクル」が適用できる。危機的状況の想定に応じて計画（Plan）し，危機対応を実施（Do）し，その善し悪しを評価（Check）して，さらに改善（Action）を図っていくというプロセスである。

　しかし，大震災など「想定外の事態」については，考える前提となる組織の環境自体が変動し，不確実，複雑，曖昧なものとなり，将来の予測が困難な状態に陥ることとなる。このような場面で参考となるのが，「OODA ループ」の考え方である。OODA ループは，「観察」(Observe)，「情勢判断」(Orient)，「意思決定」(Decide)，「行動」(Action) の四つの行動によって説明される。「観察」においては，激しく変化する組織環境に関する情報を収集し，その全体を観察する。それに続く「情勢判断」では，観察で得られた情報の意味について個人や組織が有している経験や発想等を基にして対応方針について総合的に判断する。そして，そのような判断に基づいて具体的対応策を「意思決定」し，「行動」に移していく。不確実性の高い状況下では，「観察」や「情勢判断」が，重要な鍵となる。「観察」「情勢判断」を絶えず繰り返して，「意思決定」「行動」を最適なものに素早く見直していくことになる（篠原・大野 2020）。

［佐々木 幸寿］

第2節　情報管理と守秘義務

1. 留意する必要のあることチェックリスト

　教育実習校において知り得た情報（特に，児童・生徒，保護者，教職員に関する個人情報）は，教育実習期間中だけでなく教育実習が終了した後も，実習校の指示に従って適切に管理し，その保護に努める必要がある。特に，以下の点（**表8.2**）に十分留意する必要があるので，確認したら，項目にチェックをしてほしい。

表8.2　教育実習・情報管理・守秘義務チェックリスト

□①個人情報が含まれる文書（私的な記録も含む）は，不用意に児童・生徒の目に触れることのないようにする。

□②個人情報が含まれる文書の印刷やコピーは，コンビニエンスストアなどの不特定多数の者が利用する場所では行わない。

□③個人情報が含まれる文書を，USBメモリなどの記録媒体に保存して校外に持ち出してはならない。実習指導教員が認めた場合はこの限りではないが，USBメモリなどの記録媒体と文書ファイルの両方にパスワードを設定し，万一の事態に備えておく。

□④教育実習日誌に個々の児童・生徒について記録する場合は，個人名を記さずに符号を用いるなどして，個人が容易に特定されることのないようにする。

□⑤個人情報が含まれる文書のうち，実習校から提供されたものについては，実習終了時に返却する。また，実習生が作成した私的な記録やメモ等については，実習生が責任をもって保管または破棄する。

□⑥教育実習に関する事柄をインターネット上に発信，公開することは一切行わない。

□⑦教育実習における指導事例等を発表，利用する場合は，必ず大学および実習校の許可を得る。

□⑧実習校の児童・生徒ならびに保護者とは，個人的なかかわりを一切もたない。特に，メールアドレス，携帯電話番号，LINE等のID等を教えたり，聞いたりしない。

2. 演習：事故事例から考える

　表8.3に，事故事例を四つあげる。事例を読んで，「何が問題であったのか」「どのようにすれば防止することができるのか」「このような事故が起きるとどうなるのか」について考えてほしい。仲間と話し合うこともよいであろう。そのうえで，コメントを読んでみてほしい。

表8.3　四つの事故事例

①この実習生は，子どもの作品にコメントをつけようと考え，指導教員の許可を得て，作品を持ち帰った。紙袋に入れて持ち歩いていたが，駅のトイレの荷物かけに忘れてしまった。電車に乗った後で気づき，慌てて取りに戻った。自分で探したり，駅にも届け出をしたりしたが，作品は見つからなかった。

②この実習生は，これまで思ったことをツイートすることで，気持ちの安定を図ってきた。ある日，指導教員の指導にむしゃくしゃしたことがあった。その気持ちを，帰路にツイートした。しばらくして，実習校に保護者から連絡があった。「子どもが実習生のことを検索していたところ，実習生のツイートに出会った。子どもに，そこで使われている言葉の意味を聞かれたが，とても子どもに伝えられる内容ではない」と。

③この実習生は，ある子どもとオンラインゲームの話題で盛り上がり，仲良くなった。ある日，この子どもから「先生，今度の休みに一緒にオンラインゲームをしようよ。○日の○時に，ゲームに入るから，先生も入って来て」と言われた。よくないことであると思ってはいたが，子どもからの誘いを断ることができず，一緒にオンラインゲームをした。

④実習中に子どもたちと関係ができてくると，子どもたちはさまざまなことを話し，問いかけるようになる。ある日，何人かの子どもがいる前で，「先生は，この実習校は第一希望だったの？」と聞かれたので，実習生が答えた。しばらくして，実習校に保護者から連絡があった。「子どもが，実習生に聞いたところ『この学校は，第一希望ではなかった。その理由は，○○だから』と答えたという。子どもを通わせている学校が，そんなふうに言われているとは，心外である」と。

事例についてのコメント

　① 何よりも子どもたちの作品を失くしてしまったことが問題である。それは，子どもが思いを込めて作ったものであるから。そして，子どもの作品が悪意のある人の手に渡り，悪用される危険性もある。この事故をめぐって

は，保護者会に大学教員も同席し，経緯と今後の対応についての説明，謝罪
をした。

　② この事故は，**表8.2**のチェックリスト⑥の「インターネット上に発信，
公開することは一切行わない」に反する。むしゃくしゃすることは，誰にで
もあることである。そういうことは，日記に書いて自分の内にしまっておけ
ばよいと思うのであるが，ツイートすることで周りからの反応によって支え
られているのであろう。しかし，子どもが検索して，そのツイートにたどり
着いてしまうのである。この事故をめぐっては，大学教員が実習生とともに，
実習校，教育委員会に謝罪に出向いた。実習生が，子どもと教職員の信用を
裏切ったことに対して，たいへん厳しいお叱りを受けた。そして，大学から
の処分も下った。

　③ この事故は，チェックリスト⑧の「児童・生徒ならびに保護者とは，
個人的なかかわりを一切もたない」に反する。子どもの求めていることであ
っても，「いけないことは，いけない」と言えなければならない。教育実習
においては，「実習生であるとともに教師であることも自覚して行動する」
必要がある。この事故については，実習校の管理職が子どもと実習生に聞き
取りをされた。そして，「校内においても，何度も指導をしてきたのになあ
……」と，がっかりされていた。

　④ こういうことも恐いことである。実習生がうっかり口にしたことが，
子どもから保護者に伝わり，学校へと返ってくる。このように，子どもの背
景には，保護者がいるということを自覚したい。子どもへの言動が，子ども
自身だけではなく，保護者にもどのように受け止められるのかということで
ある。この事例については，実習校の管理職が，子どもと保護者，実習生に
聞き取りを行った。そして，学校にそのような評判があることを，とても残
念がられていた。

3.　自分自身の危機管理を慎重に

　四つの事故事例をめぐって考えてみて，いかがであろうか。身近な所にも，
多くの危機が潜んでいることに気づくだろう。事故を起こしてしまった実習

生は，決して悪気があったわけではないであろう。そして，このような事故を起こすと，一番辛い思いをするのは本人である。楽しく充実した教育実習の思い出も，残念なものになってしまうからである。しかし，子ども・保護者，大学の教育実習係，大学指導教員，実習校指導教員・管理職，教育委員会など，本当に多くの人を動かすことになったことも忘れてはならない。

　「このくらいは，いいだろう」という軽い気持ちは，禁物である。ぜひぜひ慎重に，教育実習校の情報の保護管理をしていってほしい。「学長宛の情報の保護管理に関わる誓約書」に署名・捺印したうえで，教育実習に参加することを認めている大学もある。その重さについて，改めて考えてほしい。

　現在，東京都教育委員会では，**図 8.2** のような「SNS 東京ノート」（小学 1,
2 年生，3，4 年生，5，6 年生，中学生，高校
生向けと段階をふんで 1〜5 まで出ている）を
活用して学習を進めている。開いてみると，
インターネットをはじめ，SNS を使うこ
とによって生じるさまざまな問題場面や，
その問題場面に対して「どんなことが考え
られますか。」と，考えを記入するように
なっている。そして，「ネットの特性」の
頁には，「一度公開したものは，消すこと
は難しい」と記されている（「SNS 東京ノー
ト 3」）。

　このように，子どもたちとともに，教育
実習生も学び，自分自身で危機管理をしっ
かり行っていくことがますます求められて
いるのである。

図 8.2　SNS 東京ノート
（出所）東京都教育委員会（https://
ijime.metro.tokyo.lg.jp/school/index.
html，2021 年 3 月 10 日最終閲覧）

第3節　ハラスメントの防止と対策

　ハラスメントは，優越した地位や立場を利用した嫌がらせのことである。教育実習においても，指導教員からハラスメントを受けたり，実習生自身が児童・生徒にハラスメントをしたりするというケースがある。

1. 起こりうるハラスメント

　表8.4は，ハラスメントの例である。下の①〜③のどのハラスメントにあたるのか，考えてほしい。明確に分類できず，複合的なものも見られる。

表8.4　教育実習でのハラスメント例

> ア・指導教員が言った卑猥な冗談を笑わないでいると，「君には冗談がつうじ
> 　ないね」と言われた。抗議したいが成績評価が悪くなるのを恐れて我慢して
> 　いる。
> イ・「私は，放任主義だから」と言われ，指導や助言をしてもらえない。
> ウ・終電帰りとなるような遅い時刻まで指導が行われる。
> エ・指導教員の行うべき仕事の手伝いを強要された。
> オ・指導教員が，実習生の実践のすべてを否定する，人格を否定する，能力が
> 　低いと断定する等，存在自体を否定する。

① **セクシュアル・ハラスメント**

　言葉や視覚的な手段及び行動等により，相手の意に反する性的な性質の言動等を行う。（ア）

② **アカデミック・ハラスメント**

　教育・研究の場における力関係を不当に利用して，相手の活動の妨害，不利益な取り扱い，人格的な誹謗・中傷や嫌がらせ暴力等を行う。（ア）（イ）（ウ）（エ）

③ **パワー・ハラスメント**

　強い立場にある人が弱い立場の人に対し，その力関係を利用して，理不尽な指示・要求を行う。（ウ）（エ）（オ）

　分類することが大切ではなく，「このことは人権侵害ではないか」と感じる，人権感覚を磨いていくことが大切である。同じ行為であれば，すべてハラスメントに相当するかといえば，必ずしもそうではない。築かれている人間関係，状況，本人の意識の違いによって，それが「望まない」不快なものであるかどうかが異なるからである。しかし，「この程度は，許されるだろう」という考え方は成り立たないのである。

2. ハラスメントを受けていると思ったら

　あなたがハラスメントを受けていると思ったら，どうすればよいのであろうか。まず，自分で考えてみてほしい。そのうえで仲間と話し合い，考えを出し合ってほしい。以下には，その対応案を記した。この他にも，よりよい案が出されるかもしれない。その場合は，付け加えていってほしい。

---

① 記録を取る
　ハラスメントと思われる行為について，日時，場所，行為の内容，第三者が居合わせたか否か等，なるべく詳しく記録を取っておく。
② 相談する
　一人だけで悩んだり我慢したりせず，信頼できる友人に事実を明かし，相談する。解決が難しい時は，大学の指導教員や教育実習係にも相談する。

---

3. 教育実習生によるハラスメントの防止

　教育実習生にとって，教育実習校の指導教員は優越した地位や強い立場にある。教育実習生も，実習先の児童・生徒に対して同様の立場にあるといえる。

　表8.4 の「指導教員」を「教育実習生」に替えて考えてみるのもよいだろう。児童・生徒の人権を侵害することのないよう，十分な注意をはらって教育実習に臨んでほしい。

［櫻井　眞治］

第4節　コロナ危機対応について

1. COVID-19 流行下の教育実習

　COVID-19（新型コロナウイルス感染症）の流行により，2019（令和元）年度末から2020（令和2）年度のはじめにかけて，多くの学校が休校となり，再開後も感染対策を行いながらの学校運営を余儀なくされている。教育実習も，こうした学校現場の状況と切り離して考えることはできない。

　教育実習は学校教育の実際を体験的，総合的に理解できる重要な機会であり，教員免許取得にあたっては，法令で定められた科目として位置づけられたものでもある。大学としては，国からの通知を踏まえ，実習校との連携をはかりながら，教育実習の運営方針を決めていくことが求められている。

　教職課程を置く大学等が2020（令和2）年度に行う教育実習の実施にあたっては，「令和2年度における教育実習の実施にあたっての留意事項について」（文部科学省 2020a）において，①実施時期を秋以降に変更すること，②卒業年次の学生を優先することなどが示され，「令和2年度における教育実習の実施期間の弾力化について」（文部科学省 2020b）において，③教育実習の科目の総授業時間数のうち，3分の1を超えない範囲を大学等における授業により行うことを可能とすることなどが示された。さらに，「教育職員免許法施行規則等の一部を改正する省令の施行について」（文部科学省 2020c）において，教育実習の科目の総授業時間数の全部または一部を大学等が行う授業により代替できることや，教育実習の科目の単位を修得できないときは，課程認定を受けた教育実習以外の科目の単位をもってあてることができることが示された。このように，教育実習に関わる状況は日々，刻々と変化していた。こうした通知は報道でも大きく取り上げられ，一部には学校現場で実習を行わなくても単位を修得できるという印象を生んだが，本来は当初の受入先の学校等での受け入れが困難になった場合を想定した救済措置という色彩が強い。しかし，感染防止と教育実習の質保証とはどうしても両立が難しい側面があり，関係者は大学の教職員や学生のみならず，広く教育委員会の

関係者，実習校の管理職，教員，生徒，保護者等に及ぶ。安全・安心のレベルは立場によっても，個人によってもきわめて多様である。第1節で述べたように，この年のCOVID-19への対応は「想定外の事態」であり，相応の困難さを含んでいた。不確実性の高い状況下では，「観察」「状況判断」を絶えず繰り返して，「意思決定」「行動」を最適なものに素早く見直していくことになる。そして，さまざまな立場を念頭に置いたていねいな説明と相互理解が求められよう。また，「想定外の事態」に対する対応を記録しておくことが，次の事態に備えることになる。

2.　教育実習の実施に向けて

　教育実習のねらいを踏まえれば，できる限り学校現場で実習を行う方法を模索したい。その際は，国が示す単位認定に関わる方針，受け入れ先の学校（所管する教育委員会）の受け入れ方針を踏まえた対応が求められる。2020（令和2）年度の対応を参考にすれば，①本来の時間数で教育実習を実施する，②教育実習と大学等における代替の授業を併せて実施する，③すべて大学等における代替の授業とする，という三つの段階を念頭に置く必要があるだろう。

　可能な限り①を模索したいが，①で進める場合でも，感染状況によっては実習期間の変更，分散出退勤，リモートワークの併用，観察・参加・実践における制約など，弾力化が必要な場面が出てくるだろう。

　状況によっては，あらかじめ②，③を選択する場合も考えられるが，受け入れ先の感染状況が急速に悪化した場合など，急遽，②，③に移行せざるをえない事態も考えられる。大学等における授業について，時間数，授業内容，担当者を事前に想定しておき，学内で組織的に対応しなければならない。その際は，可能な限り，代替の授業が教育実習に相当する教育効果を有することに留意する必要がある。

3. 感染流行下における学生への指導

(1) 状況の認識を深めること

　感染流行下においては，学校現場は地域の感染状況と行政からの通知等を踏まえながら，児童・生徒の安全のために日頃と異なる対応を余儀なくされている。教育実習に向かう学生には，受け入れ先の状況の理解を促し，教員の一人として勤務するという認識をもたせたい。そのうえで，2020（令和2）年の例で考えれば，「新型コロナウイルス感染症に対応した学校再開ガイドライン」などにより，学校における感染症対策の取り組みについて十分に理解させ，実習中は受入れ先の感染症対策の指示に従うことを徹底しておきたい。

　一方で，実習生は大学を離れて教育実習で学ぶという学生の立場でもある。もともと学校現場に出ることについては大きな不安をもっており，とりわけ感染流行下においては，その不安はきわめて大きなものであろう。そうした学生への心のケアも忘れてはならない。可能であれば，教育実習前に大学の教員が学生とコンタクトをとり，対面やオンラインで面談を行ったり，相談窓口を伝えておくなど，学生の状況把握とサポートができる体制を整えておきたい。

(2) 感染防止のために

　学生には教育実習実施の2週間程度前から教育実習が終了して学校現場を離れるまで，毎朝の検温および風邪症状の確認などの健康観察を行い，記録を残しておき，提出を求められた場合はただちに健康観察の記録を提示できるように指示しておく。適切な記録を提出できない場合は教育実習の実施や継続が難しくなる場合もあり得ることを伝えておきたい。また，基本的な感染症対策や，感染リスクの高い場所に行く機会を減らすことなどを徹底しておきたい。

　また，感染が疑われる症状や，濃厚接触者と疑われる状況が生じたときにはただちに報告するように指導し，大学内で情報を集約し，的確な指示が出せるように準備しておく。その間，学生は児童・生徒等との接触を絶対に避

け，自宅で休養することを徹底しなければならない。

(3) 代替措置の明示

　教員を志望する学生にとって，教員免許を取得することができるかどうか
は大きな関心事である。感染してしまった場合は一定期間の療養が必要であ
り，感染していなくても，感染が疑われる症状が見られたり，濃厚接触者と
して特定されたりした場合，一定の期間，待機が求められる。そのため，体
調不良や濃厚接触の可能性を自覚していても，つい無理をしてしまう可能性
がある。救済措置を明示し，無理させないような配慮も重要である。

4. 実習中の組織的な対応

　十分な対策を施していても，実習中に学生の感染が判明したり，受け入れ
先の校内や地域の感染状況等によっては，教育実習を中止したり，縮小した
りしなければならない事態が想定される。こうした事態に即応できるよう，
大学と実習校，教育委員会等の確実な連絡体制を整えておく必要がある。

　教育実習に関わる情報は，学生本人，学生の保護者，学生の指導教員，教
育実習の担当部署，保健管理センター（学校医），教育実習の受け入れ先など，
さまざまな関係者，関係諸機関から集まってくる。それらの情報をいかに集
約し，どこで判断し，どのように指示を出すか，組織的な体制を整えておき
たい。例えば，教育実習前に感染した学生，感染の疑いがあった学生につい
て，教育実習に行かせてよいか，行かせるならいつから行かせることができ
るのか，という判断はデリケートな問題を含む。教育実習の関係部署と大学
の保健管理センター（学校医）等が連携しながら，どの段階でだれが判断す
るのかを明らかにしておくことは重要である。

［宮内　卓也］

● **考えてみよう！**

▶　危機管理の四局面ごとに重視すべきポイントを理解し，具体的に実践できるのか自分を振り返ってみよう。

▶　教育実習にある危機について心に残ったことをあげて話し合ってみよう。

▶　危機を回避するために必要なことについて話し合ってみよう。

▶　感染症流行に際して，配慮すべき観点として，どのようなものがあるか考えてみよう。

● **引用・参考文献**

佐々木幸寿・矢嶋昭雄・福島正行（2012）「東日本大震災における学校の避難所運営―岩手県立大槌高等学校の事例―」『東京学芸大学紀要　総合教育科学Ⅰ』第63号，55-70頁

篠原清昭・大野裕己（2020）『WITHコロナの新しい学校経営様式－ニューノーマルな教育システムの展望』ジダイ社

文部科学省（2020a）「令和2年度における教育実習の実施に当たっての留意事項について（令和2年4月3日付2教教人第1号教育人材政策課課長通知）」

文部科学省（2020b）「令和2年度における教育実習の実施期間の弾力化について（令和2年5月1日付2教教人第5号教育人材政策課課長通知）」

文部科学省（2020c）「教育職員免許法施行規則等の一部を改正する省令の施行について（令和2年8月11日付2文科教第403号総合教育政策局長通知）」

第9章

教育実習生を支える
─諸機関と連携したメンタルヘルス支援─

●━━━ **本章のねらい** ━━━●

教育実習におけるメンタルヘルスに関わる状況を理解し，メンタルヘルス支援の意義と支援について学ぶ。本章では特に教育実習を運営する立場と医療の専門的な立場から，支援の在り方について，具体的に考える。

第1節　メンタルヘルス支援の必要性

1. メンタルヘルス支援の仕組みと実習期間中の支え

　大学生の年代は子どもと大人の境界期であり，さまざまな精神疾患の好発年齢でもある。この年代に見られる精神疾患としては，うつ病，躁うつ病，社交不安症，パニック症，摂食障害，強迫症，統合失調症，適応障害，発達障害で精神障害も合併したもの，睡眠障害などがあげられるが，症状の現れ方には個人差があり，多様である。

　近年，こうした学生が，教育実習中において不適応を起こし，勤務に支障が生じる事例が話題になる。出勤できず自宅に閉じこもり，連絡が取れなくなる学生，教室に向かえず，保健室で過ごさざるをえない学生，附属学校の指導教員や実習生たちとのコミュニケーションが成り立ちがたい学生等々である。「もっと意欲的に取り組みなさい」「そんなことでは教員は務まらない

ぞ」など，ついつい叱咤激励のつもりで強い言葉を投げかけてしまうことがあるが，学生によっては過大なストレスとなり，状況をさらに悪化させてしまうケースもある。

　事前の情報共有や学生への傾聴を通して学生の状況を把握し，個々の状況に応じた指導の手立てを検討したり，その過程で，専門医の助言や指導を仰いだりすることも考えられる。すでに受診している場合は，指導内容をもとに，実習における過ごし方を学生とともに話し合っておき，実習指導の過程では，スモールステップで足場をつくり，学生の状況を見ながら，先が見通せるような具体的な課題を示していくことも考えられる。こうした課題を抱えた学生の事例は多くの教育実習の現場で報告されていると思われるが，結果的に，問題が生じた段階で，受け入れ側の実習校・園の努力による個別的な対応に委ねてしまっている場合も少なくない。

　最近は，精神疾患で受診している学生や受診が必要な学生，何かあると援助が必要になる学生が全体の10％程度は潜在的にいるとみるべき状況にある。こうした学生すべてが教育実習に支障をきたしているわけではないが，実習校による個別的な対応で済む範囲を越えつつある。教育実習における学生のメンタルヘルス支援に関する総合的な対策が必要であろう。

2.　基本的な考え方

　第一に，教育実習における学生の不適応に，大学として適切に対処するために，教育実習以前からの対策を重視することである。具体的には，教育実習事前指導時における著しく適応困難な学生の発見および個別支援プログラムの作成とその実施等の対策をとることである。

　第二に，適応困難な学生に関しては，本人の同意の下に，当該学生を受け入れる実習校・園に学生の状態を事前に知らせ，対応の仕方について関係者間で協議して，教育実習に備えることである。

　第三に，学生の自己決定権や学習権を最大限尊重し，それらを損なうことのないよう慎重かつ十分な配慮をとりつつ，教育実習を行ううえで妨げとなり，実習校で学ぶ子どもの権利を損なうおそれが見込まれるほど，著しく適

応困難な状況にある学生に対しては，教育実習への参加を見合わせることも検討することである。そのためには，附属学校における教育実習の受講条件について，相互に共通理解をはかることも必要がある。

　ただし，上記の対策をとっても，事前には把握できず，附属学校における教育実習の実施時に問題が初めて生じることはありえる。教育実習時のメンタルヘルス支援や対処の仕方に関して相互に共通理解をはかり，すぐに動くことができるような態勢を整えておきたい。

第2節　東京学芸大学のメンタルヘルス支援の取り組み

1. メンタルヘルス支援の仕組み

　前節で示したことを具体化するためには，支援のための仕組みが重要である。東京学芸大学の例をもとに，メンタルヘルス支援に関わる組織と支援学生の情報の流れについて図示した（**図9.1**）。

　東京学芸大学では，**図9.1**のように，①教育実習委員会・教育実習実施部

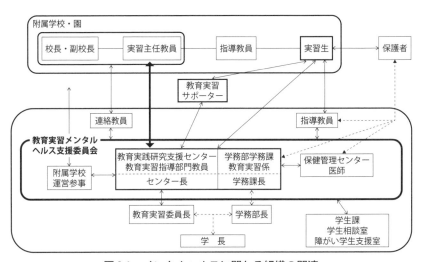

図9.1　メンタルヘルスに関わる組織の関連

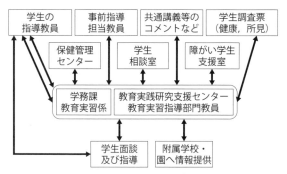

図9.2　メンタルヘルスに関わる情報収集の流れ

会および学務課（教育実習係），②附属学校運営部，③附属学校・園，④連絡
教員，⑤指導教員，⑥教育実習事前事後指導担当教員，⑦保護者，⑧教育実
践研究支援センター教育実習指導部門，⑨保健管理センター，⑩学生支援セ
ンター（学生相談室，障がい学生支援室）等が，それぞれの役割と責任を明確
にし，適切かつ十分な連携をとる体制づくりをめざしている。また，教育実
習のメンタルヘルス支援を担当する常設の組織「教育実習メンタルヘルス支
援委員会」を立ち上げている。

　また，大学は組織が大きいので，支援学生の情報をいかに収集し，関係諸
機関で共有できるか，という点がとても重要である。図9.2は支援学生の情
報収集の流れを図式化して示したものである。

　学務課教育実習係と教育実践研究支援センター教育実習指導部門の教員と
が核となり，情報を収集し，発信，共有をはかろうとしている。

2.　入学時の取り組み

　教員養成大学の場合，カリキュラムが教員になることを前提としてつくら
れているため，教員志望動機が曖昧な入学者や不本意入学者は，不適応をき
たしやすい傾向がある。大学説明会や大学のウェブページ等で，教員志望の
明確な学生の入学を大学として期待していることを明示し強調することが必
要であろう。

3.　1，2年次の取り組み

　1，2年次，指導教員は，定期的に個別面接を行い，修学状況を確認する。単位取得不良者や履修未登録者には面接を行い，必要に応じて，保護者と連携したい。指導教員は，適応上の問題がある学生には，保健管理センターまたは学生支援センターへの相談を勧め，必要に応じて，相談担当者と連絡をとる。

4.　2年後期の教育実習個人調書作成時の取り組み

　心身に問題を抱えている学生の中には，健康欄に「良好」とだけ記述する学生が少なくない。不利になるのではないかという憶測もあるのだろう。こうした状況に対して，心身の健康欄に，メンタル面での問題，受療・相談状況について記載することを奨励する。また，それらの記載が不利にならないことを学生に周知する。指導教員は，記載にあたって必ず個人面接を行い，教育実習に対する学生の気持ちや不安等を聴取し，心身の健康状態の把握に努める。その際，学内の保健管理センター等の受診と相談の継続を強く奨励する。指導教員は，確認した事項を所見欄に記載することを徹底する。

5.　3年前期における教育実習事前指導時の取り組み

　「教育実習事前事後指導」を担当する教員は，事前指導が附属学校・園における教育実習に向けての最も重要なスクリーニングの機会であるとの認識を共有し，授業内容の改善を図り，事前指導の評価にあたっては，関係する規定を適用する。事前事後の指導において2回の共通講義を担当する教育実習指導部門の教員も，アンケートの回答などによって学生の不安の把握に努め，状況に応じて支援の手を差しのべられるとよい。

　指導教員は，個別面接を行い，3年前期の修学の全般的状況とともに教育実習の準備状況を把握し，教育実習への準備の強化を図る。

6.　支援が必要な学生に関する附属学校・園への事前通知と支援

　主に2年次2月の配当校を検討する時期，3年次6月下旬の附属学校・園でのオリエンテーションに参加する時期に，メンタル面での問題や修学上の

不適応があることが把握され，支援が必要と見込まれる学生について，学生の人権に十分配慮しつつ，審議する。学務課（教育実習係）と教育実習指導部門は相互に連携し，指導教員，教育実習事前事後指導担当教員，保健管理センター，学生支援センター等から必要な情報を集め，関係者で情報の共有をはかる。

　支援体制を整えるために必要な情報については，附属学校・園に提供することの諾否を学生からとり，教育実習指導部門は，この承諾を前提に，受け入れ附属学校・園の実習主任と連絡教員に当該学生の情報を伝える。附属学校・園は，この情報に基づき，教育実習指導部門および保健管理センターの協力を得ながら必要な支援体制をとる。

7．著しく適応が困難な学生の対応

　著しく適応困難な学生で，教育実習への参加を見合わせるという結論に至った学生に対しては，補充的な実習，特例的な措置等を含め，個別の支援プログラム案を検討する。教育実習指導部門は，支援プログラム案について当該学生と相談し，学生の決定を支援する。必要な場合には，保健管理センターの協力を求める。

8．学務課（教育実習係）の対応について

　学務課（教育実習係）は，教育実習個人調書等に基づき，配当校の原案作成にあたっては，教育実習における学生のメンタルヘルス支援の観点から配慮する。附属学校・園へ個人情報を伝えることについて学生本人の承諾をとる過程で，否の場合を含め，その経緯と結果についての記録をしておく。

　教育実習（特に必修実習）を見合わせることになった場合，今後の支援プログラムを決定する等のため，学務課（教育実習係）と教育実習指導部門とで連携し，学生の相談にのる。

9．教育実習時の支援
（1）事前に支援が必要であることが把握されている学生への支援
　附属学校・園は，適応困難な学生が避難できる環境を予め検討するととも

に，学生の指導にあたって配慮する。学務課（教育実習係）は，状況に応じて，学生の同意を得て保護者に連絡をとり，実習期間中における学生の生活への協力を促す。指導教員は，必要に応じて附属学校に出向き，学生の状況の把握と支援に努める。教育実習指導部門は，適応困難な学生を受け入れている附属学校の実習主任と連絡を密に取り，学生たちの状況についての把握に努める。必要がある場合には，保健管理センターの協力を求める。保健管理センターは，必要な協力を行う。

(2) 新たに問題が発生した学生への支援

　事前に把握されていなかった学生の問題が発生した場合には，当該附属学校の実習主任は，学務課（教育実習係）と連絡教員に連絡をとる。学務課（教育実習係）は，教育実習実施部会委員長，教育実習指導部門，保健管理センター，当該学生の指導教員に連絡をとる。教育実習指導部門は，実習主任と協議し，速やかに対応策をとるとともに，教育実習実施部会委員会委員長に報告する。必要な場合には，保健管理センターの協力を求める。保健管理センターは，必要な協力を行う。

　一般的には，事前に課題を把握し，支援を開始していた学生の方が教育実習に適応して最後までやりとげている傾向がある。事前に把握できなかった学生の方が重篤化するケースが多い。

10. 教育実習サポーター制度

　教育実習期間中には，学生はさまざまな課題に直面し，学生によっては過剰なストレスを抱えている状況が見られる。当該の学生とじっくりと向き合い，学生が話すことに傾聴する機会が欲しいところだが，学校現場は児童・生徒の対応，実習生の対応，授業準備，校務と，きわめて多忙な状況におかれている。また，指導教員と実習生は指導する立場とされる立場であり，必ずしも学生が心を開いてすべての状況を話すことができるわけではない。

　そこで，東京学芸大学では9月・10月期の附属学校・園の教育実習期間中に，臨床心理を専攻する大学院生を「教育実習サポーター」として募集し，

期間中は１日２名態勢で待機させている。学生本人や附属学校・園の要請に従って，附属学校・園へ教育実習サポーターを派遣している。大学院生は実習生と年齢も近く，ピアサポートという面でも効果を発揮している。

　以下にこれまで派遣した事例をかんたんに紹介する。

事例１：「授業がうまくできるか不安なので，後で見守って欲しい」という申し出があった。見守ってもらうことで安心感が得られた。

事例２：「いろいろとたまると思うので，週末に話しを聴いて欲しい」という申し出があった。週末ごとに１週間をふりかえって実習について語ることで，前向きに実習に取り組むことができた。

事例３：指導教員や実習仲間となじめず，ストレスをためていた支援学生は，教育実習サポーターとじっくりと話しをすることで，落ち着きを取りもどした。

事例４：支援学生は特に問題なく実習をやり通すことができたが，教育実習サポーターが待機していてくれるということが支えとなった。

　学生に対しての支援にはもちろん意義があるが，制度があるということそのものが学生の安心感につながっていることは見逃せない。また，実習校・園の教員への支援，大学と実習校の連携，信頼感の醸成という点でも意義がある。

　手厚い支援は，腫れ物に触るがごとく，本来は実習生が行うべきことを肩代わりすることを指しているわけではない。エンパワーメントの観点から，「本人がストレス状況に気づき，問題を自覚し，自助努力してゆく過程」を支援していくことが大切である。

　その一方で，教育実習の評価で合格を出す場合，それ相応の質保証も求められる。支援学生の中には，十分な支援を行ったにもかかわらず，残念ながら到達目標に達しないケースもありうるだろう。その場合は，不合格となることもやむをえないが，その際は，学生と相談をしながら，個々の学生に状況に応じたその後のプログラムを形として示していくことが大切である。

［宮内　卓也］

第3節　保健管理センターにおける相談活動と支援

1. 大学保健管理センターと教育実習

　大学でも小学・中学・高校と同様，保健室を設けることと学校医を置くことが，学校保健法で規定されている。国立大学では国立大学設置法施行規則に基づいて，1960年代から保健管理センターが設置され始めたが，健康を管理する施設は，それぞれの大学の規模や規則により，名称や活動内容もさまざまであり，専門スタッフも，常勤医師（内科医・精神科医・他科の医師など）がいる大学，非常勤医師や心理職，または医師不在で看護師・保健師のみなど，その体制はかなり異なっている。また，教育実習については，学生は教員養成大学に限らず，一定要件を満たした多くの大学や短大の教職課程から教員免許の取得が可能であるため，教育実習生に健康問題が生じた際の大学の対応形態も多様であろう。そして，近年の実習生の健康問題で重要な位置を占めるのは，メンタルヘルスの領域ではないだろうか。厚生労働省の患者調査（2014）では，精神疾患をもつ外来患者数は年々増加しているとの報告がある。また文部科学省の公立学校教職員の人事行政状況調査（2016）によれば，教諭の病気休職者の理由の約6割が精神疾患であることがわかっており，学校現場でのメンタルヘルスの重要性が叫ばれている現在，教員になる一歩手前である教育実習生の段階でのメンタルヘルス問題を考えることは重要であろう。筆者の経験に基づく保健管理センターでの相談活動と支援について紹介しつつ，大学での教育実習生への相談活動と支援について考えていきたい。

2. メンタルヘルス支援の成果と課題に関する調査結果より

　東京学芸大学では，2007年より教育実習生へのメンタルヘルス支援活動が行われている。支援の仕組みや主な支援方法は，前節で説明されており，ここでは筆者が報告した教育実習生へのメンタルヘルス支援活動の成果と課題の調査結果（大森 2013）から，保健管理センターの活動を中心に紹介したい。

調査では，メンタルヘルス支援が始まる前の2003〜2006年の4年間（基礎実習希望者4,065名）と，支援開始後の2007〜2010年の4年間（基礎実習希望者3,978名）で，まず失格辞退者数の比較を行った。失格辞退者数は，支援開始前4年間の178名（4.4％）から，支援開始後4年間の68名（1.7％）と有意に減少した。その失格辞退の理由は，支援開始前の事前指導の不合格と実習オリエンテーション無断欠席者で37％，身体疾患13％，休退学14％，留学や進路変更が4％，不明が32％であったが，支援開始後は，理由不明はなくなり，事前指導の不合格者と実習オリエンテーション無断欠席者数が27％に減少，身体疾患12％，休退学3％，妊娠その他が5％で，メンタルヘルスの問題22％（実習開始前に把握15％，実習開始後に判明7％）であった。失格辞退者が減少した要因として，①失格辞退の可能性の高い学生を支援することができた，②支援体制を周知させることで，学生も教員もメンタルヘルスへの意識が高まり，情報共有をしやすくなった，③問題発生後の段階的支援があること等が考えられた。

(1) メンタルヘルス支援対象学生の特徴と対応について

　おおよその事前の支援対象学生を決定した後は，指導部門教員と連携を取り，通院や服薬などのメンタルヘルスの状況について状況把握を行う。事前に保健管理センターでの診察が必要な学生には受診を勧めてもらったり，すでに保健管理センターに通っている学生には，指導部門教員に状況を伝えるかどうか，また実習先に情報を伝えるかどうか等を相談する。病識のない学生を支援対象とする場合は，守秘義務に留意したうえで，予想される問題点を指導部門教員と共有するようにしたり，本人に「名前と心配な点だけでも指導部門教員に伝えてよいか」等を伝える努力をする。実習中に問題が生じた場合は，まず指導部門教員が実習生や実習校教員と連絡をとるが，必要に応じて保健管理センターに連絡が入り，医師からアドバイスや現場対応の指示をしたり，または可能であれば，昼休みや夕方に，保健管理センターで実習生の診察を行うこともある。服薬が必要か，実習中にどのような支援が必要か，実習が継続できるか等の判断を行う。

　実際に実習開始前に支援対象とした学生は，2007年11名（実習志望学生の1.1%），2008年12名（1.2%），2009年13名（1.3%），2010年12名（1.2%）の計48名（平均1.2%）であり，うち女性は33名であった。48名のうち，2007年4名，2008年2名，2009年2名，2010年2名の計10名は，実習前に相談の上辞退し，38名が実習を行った。実習中は指導部門教員が実習校を周回し，特に事前の支援対象学生には気を配るが，うち2007年は3名，2008年は1名が，実習中に教育実習サポーターの支援を受けた。また2008年は1名，2010年は4名が実習中に保健管理センター医師の診察を受け，いずれも実習を途中辞退することなく終了できた。事前に支援対象になっておらず，実習の途中で支援対象になった学生は，4年間で計9名であった。

　事前の支援対象学生48名を対象となった理由別にみると，①本人からの申し出で対象とした学生が33名，②保健管理センター，教員からの申し出が11名，③事前指導の授業の欠席，手続きの遅れから発覚した学生が4名であった。事前の48名とは別に，④実習前〜中の不適応から問題が発覚した学生は9名であった。また事前支援対象学生48名の精神医学的診断であるが，うち10名は外部の精神科医師または保健管理センター医師の面談は

表9.1　事前のメンタルヘルス支援対象学生のうち精神科医師と面談した38人の精神医学的診断（2007〜2010）

診断	人数（人）と%
精神医学的診断なし	2　（5%）
適応障害	9　（24%）
不安障害	5　（13%）
摂食障害	3　（8%）
身体表現性障害	2　（5%）
気分障害圏	6　（16%）
パーソナリティ障害	2　（5%）
統合失調症	3　（8%）
広汎性発達障害	6　（16%）
	38（100%）

希望せず，指導部門教員との面談のみで実習を行った。残り38名のDSM-
IV-TRに基づいた精神医学的診断を**表9.1**に示した。

　事前に支援対象とした学生の割合は，各年，実習志望学生の平均1.2％で
あった。先にみたように，事前の支援対象48名の理由別の分類では，本人
からの申し出が33名（69％）と最も多かった。これは申し出ても不利にはな
らないこと，プライバシーは守られることを事前に強調したことが効果的で
あったと考えられる。

　実習を行った支援対象学生は，個別支援により全員が無事実習を終了でき
たが，社交不安障害の学生が，「生徒の前で授業が無事にできた」という経
験や，自分に自信のない支援学生が，実習校教員から褒められた経験などは，
応用実習や社会生活につながる大きな第一歩となると考えられる。筆者は4
年間の支援対象学生を，実習での対応に関して4タイプに分類した（**表9.2**）。
タイプ1：実習への不安や身体症状が中心の学生で，医学的診断はない（25％）。
タイプ2：実習への不安や身体症状があり，医学的診断はつくが比較的安定
している（63％）。タイプ3：実習への不安や身体症状があり，医学的診断が
つき，疾患特有の問題への対応も必要である（8％）。タイプ4：医学的診断
がつくが病識がないことが多く，実習への不安や身体症状も訴えない（4％）
という4タイプである。タイプ1，2は，事前に大学側で不安を把握し，指
導部門教員を中心とし，不安が生じた際の教育実習サポーターの対応で可能
であり，対象学生の9割近くを占める。タイプ3は，例えば社会不安障害の
学生が授業をする際や，パニック障害の学生が通学途中に過呼吸やパニック

表9.2　メンタルヘルス支援対象学生の対応に関する分類

	実習への不安や身体症状	医学的診断	支援期間中の主な対応者	学生の割合
1	あり	なし	附属校教員，指導部門教員，実習サポーター	25％
2	あり	あり	附属校教員，指導部門教員，実習サポーター	63％
3	実習への不安と疾患特有の問題あり	あり	附属校教員，指導部門教員，実習サポーター，医師	8％
4	なし（病識なし）	あり	附属校教員，指導部門教員，医師	4％

発作を起こす場合，また摂食障害学生の食事面の問題などは，医師の指示を必要とする。ほとんどの例は実習前の指示で充分であるが，実習中に対応が必要になる場合もある。4のタイプは，統合失調症や発達障害などで本人の病識がないため，支援対象になることを本人が同意していないことが多いが，対人関係が一方的であるなど実習中のトラブルを防止するためには，病名を言わないまでも，指導側にある程度の理解があることが望ましい。実習中に保健管理センター医師が対応したケースは，2010年度には4名おり，医師の役割はますます重要になると考えられる。このように事前に相談のうえで辞退を選ぶことは，無理に教育実習を行って状態が悪化することを防ぎ，また実習校に過度な負担がかかることを防ぐことになると考えられる。

(2) メンタルヘルス支援の今後の課題

　メンタルヘルス支援制度があるとはいえ，事前指導の不合格者や，オリエンテーション無断欠席学生，また支援体制では拾えなかった学生の中に，メンタルヘルスの問題を抱えている学生はまだまだ存在すると考えられ，今後はそれらの学生をいかに発見するかが重要な課題である。実習後しばらく経ってから，抑うつ症状で保健管理センターに来室したり，学業上の何らかの不適応で教員から依頼をうける学生がいる。彼らの多くは，実習は何とかこなせたが，「実習中に自分は教員に向いていないと思った」「実習で自信を失った」等と，教職への適性に自信を喪失しており，後から意欲低下や抑うつ症状などを呈している。そのような学生は，過去に不登校歴やいじめられた経験，教職への迷いなどがあったが周囲に話せず問題を一人で抱えていた場合が多い。そういった学生の早期発見・早期対応には，実習前後のアンケートが必要であろう。また，4年生での応用実習では，実習先に出向くような支援体制はないが，基礎実習と同様に支援対象を選別し，実習校との連携や本人から連絡をもらうなどの体制はとっている。

3.　特例措置について

　特例措置とは，筆者のいる大学で，教育実習メンタルヘルス支援体制開始

以前よりある制度であり，教員免許の取得が卒業要件となっている教育系の学生が，病気などのやむをえない理由により教職に関わる単位（特に教育実習）を他の専門単位で振り替えて，教員免許を取得せずに卒業することができる制度である。申請には外部医療機関の医師や保健管理センター医師の診断書が必要で，申請は教育実習期間に限っていない。特例措置制度があることにより，長引く精神疾患などのために教育実習を行うことが困難な学生にとって，間接的には実習の辞退や失格を防ぐことにつながっており，また教育実習以外では単位を取得できている学生の，不本意な退学を防ぐことができると考えられる。

4.　対応する医師の葛藤と種々の大学での課題

　教育実習生へのメンタルヘルス支援を通して感じることであるが，実際に実習生にかかわる（保健管理センター）医師は，さまざまな場面で葛藤を抱えることになる。①実習前の時期において，本人は支援を希望しないが支援対象にした方がよいと思う場合（本人の自覚がない場合を含む），②①で支援対象にした学生の情報を関係者にどこまで伝えるべきか，③実習中，学生（実習中に支援対象になった学生も含む）が実習を続けられないと申し出た時の医学的判断，④全期間を通して，教師としての適性がないと思われる学生に対する対応，などである。①は可能な限り，本人に支援について説明をし，不利益にならないことの念を押す。それでも，やはり事前に実習校に「起こりそうな問題」を知らせた方がよい場合がある。本人には「念のために支援の先生に名前だけは伝えた」と声をかけるようにしている。②「病名には触れない」方針で，指導部門教員に伝え，実習校の担当教員をベテランの先生にしていただくなどの工夫がなされる。③実習中は，学生の病名にかかわらず，ともかく実習を継続させるための支援が行われるが，なかには対人トラブルが生じたり，「すべて上手くいかない」といった認知の歪みにより中断を希望する学生がいる。その場合は，実習校での状況をよく把握したうえで，年度内に行われる補充実習で再チャレンジするかどうか，本人とよく話し合う。これは次の④にもつながってくるケースが多い。④の具体的な例は，発達障

害や慢性の精神疾患，パーソナリティ障害（非常に未熟な性格をもつ場合も含まれる）などで，共感能力に欠け，認知の歪みがあったり，場の雰囲気を読み取れない，病識がないケースなどであろう。そのような場合は，教育実習前や後の時間的ゆとりのある時に学生と面接し，教師の仕事についてよく話し合う。そこで自ら「教師には向いていない」と自覚して進路変更や特例措置に結びつく場合はよいが，そうでない場合は，これまでに生じたトラブルや問題を学生と話し合い，まず非常勤勤務から試すことを勧めることもある。また在学中に学校現場での学校ボランティアやアルバイトを体験することも大切であり，可能であれば保護者とも情報を共有したい。しかしその段階では「適性がない」と思えた場合でも，その後の周囲の環境や個人の力により，現場で成長していく場合もあるため，医師は広い視野をもって実習生に接することが望まれる。

　冒頭で述べたように，種々の大学や短大によって，医師の配置の体制は異なっており，メンタルヘルスの問題を抱えた教育実習生への対応はさまざまである。保健管理センターがあり，常勤または月数回でも医師がいる場合は，その医師により診断書提出や実習中の問題点や課題を相談することが可能であるが，医師のいない機関では，主な対応は指導教員や担当教員，心理の心得のある教員などが対応することになるであろう。学生が外部医療機関を受診しない限り診断書をもらうことは難しく，また外部医療機関の多くは予約制であるため，診断書の取得に時間がかかることも一つの課題である。学生が実習に不安をもつ場合，医師の判断がなくとも，何が不安であるかが声に出せ，それが評価には直接影響しないことが学生に事前に伝えられると，学生の状態は把握しやすくなるであろう。それに加えて，どのような配慮やサポートが欲しいか学生に聞ける体制づくり，また大学側と実習先とが連携できるような体制が整うことが望ましい。

［大森　美湖］

● **考えてみよう!**

▶ 教室実習におけるメンタルヘルス支援の必要性をあげてみよう。

▶ 今，目の前にいる緊張状態の教育実習生は，言えない不安を抱えている
だろうか?　考えてみよう。

● **引用・参考文献**

大森美湖・矢嶋昭雄・櫻井眞治・大西建・石井彰 (2013)「教育実習生へのメンタ
ルヘルス支援の成果と課題—4 年間の活動を通して—」『学校メンタルヘルス』
16(2): 161-169.

厚生労働省 (2015)「平成 26 年 (2014) 患者調査」

文部科学省 (2017)「平成 28 年度公立学校教職員の人事行政状況調査」

American Psychiatric Association (2000) *Diagnostic and statistical manual of mental
disorders*, 4th edition, Text revision (DSM-Ⅳ-TR).

第4部

教育実習の高度化

第10章

複層型の実習制度と
副免許実習

───────── ● **本章のねらい** ● ─────────

　教職課程において一人の学生が複数回の実習を行う場合がある。これをこ
こでは複層型の実習と呼ぶことにし，その意味やあり方について整理する。

第1節　複層型の実習とは

1. 複層型の実習

　教員免許状の取得にあたって，一人の学生が複数回の実習に臨む場合があ
る。このようなものをここでは「複層型の実習」と呼ぶことにする。また，
初めて取得しようとする教員免許状のことを「主免許」，取得した（取得見込
みの）主免許を生かして取得しようとする他校種や他教科の教員免許状のこ
とを「副免許」と呼ぶことにする。

2. 主免許実習に関する複層型実習

　すでに述べたように，教員免許状の取得にあたって実施する教育実習は，
幼稚園，小学校，中学校においては5単位，高等学校においては3単位（い
ずれも「事前及び事後の指導」の1単位を含む）となっている。大学設置基準で
は，実験，実習および実技については30〜45時間をもって1単位とするこ

とが定められているため，1 週間あたりの実習時間…8（時間／日）×5（日）
＝40（時間）から，幼稚園，小学校，中学校については 3〜4 週間，高校については 2 週間を実習期間としている大学が多い。また，「教科及び教職に関する科目」のほとんどを修得済であることが教育実習への参加要件となっている場合が多いため，特に一般大学の教職課程では，4 年次の前期（5〜6 月頃）に「教育実習」を設定するのが一般的である。

　その一方で，教員養成系の大学・学部においては，主免許の取得に関して複層型実習を行っている場合がある。これは「分散型実習」や「積み上げ型実習」と呼ばれることもあり，具体的には，以下の例のように教育実習関連科目を各学年に設定しているものである。

---

1 年次 … 附属学校における授業観察
2 年次 … 近隣公立学校での短期インターンシップ
3 年次 … 附属学校での教育実習
4 年次 … 近隣公立学校もしくは母校などの協力学校での教育実習

　このような複層型実習には，そのすべてを免許取得要件や卒業要件として必修科目にしている場合と，その一部を希望者だけが臨む選択科目にしている場合がある。また，後者に関しては，大学のある自治体や地域の実情に合わせて，へき地や離島での実習や外国籍の児童・生徒が多い学校での実習などを設定しているものもあり，その自治体での就職を見通してさまざまな経験を積むことができるように工夫されている。

　このように，主免許を取得するために複数回の実習機会が用意されているのは，学校現場での体験をもとに，大学で学ぶ「教科及び教職に関する科目」において理論と実践の往還をめざすうえで有効であり，実践的指導力を育成することにつながっている。

3. 副免許実習に関する複層型実習

　特別支援学校教諭の免許を取得するには，幼稚園，小学校，中学校，高等学校のいずれかの免許を取得していることが基礎資格となり，それに加えて

新たに特別支援学校での教育実習（「心身に障害のある幼児，児童又は生徒についての教育実習」）が必要となる。つまり，主免許取得と合わせて少なくとも2回の教育実習を行うこととなる。

　主免許をもとに，特別支援学校以外の校種の免許を取得する場合は，取得しようとする校種で教育実習を行うことが必要[1]となる。ただし，主免許の取得にあたって修得した単位を流用することが可能である。例えば，小学校教諭を主免許として中学校教諭を副免許とする場合は，教育実習5単位のうち3単位を流用することができる。つまり，中学校において2単位分の教育実習を行えば免許取得要件を満たすことになる。

　なお，中央教育審議会において議論の進んでいる「令和の日本型学校教育の構築」においては，「義務教育9年間を見通した教科担任制の在り方」について小学校高学年から教科担任制を導入することが模索されている。そこで問題となるのは，小学校と中学校の両方の教員免許を有する教員の確保となる。添付されている資料[2]によると，小学校に勤務する教員のうち中学校教諭免許を所持しているのは62.1％であり，中学校に勤務する教員のうち小学校教諭免許を所持しているのは26.6％となっている（いずれも平成28 (2016) 年度学校教員統計調査より算出した全国平均の値）。審議のまとめ等を見ると，次のような記述がある[3]。

　教員養成段階では，小学校教諭の免許状と中学校教諭の免許状の両方の教職課程を修了し，両方の免許状を取得することが望ましいが，これらを同時に学生に求めることは学習範囲も広範にわたり，負担が大きい。
　このため，従来，小学校と中学校の教職課程それぞれに開設を求めていた授業科目を共通に開設できる特例を設けることにより，学生が小学校と中学校の教諭の免許状を取得しやすい環境を整備する必要がある。

　すでに，一部の教員養成系の大学・学部においては，小学校と中学校の両方の教員免許を取得することが卒業要件となっているところもあるが，まだまだ一般的ではない。これが具体化されたときに，教職課程における教育実習の位置づけがどのように変わるかはわからないが，複層型実習を行う学生が増えることは確かであろう。その場合，実習校の確保が新たな課題として

浮かび上がってくることも予想される。

　なお，中学校教諭と高等学校教諭に関して，所持している教科とは別の教科を副免許として取得するにあたっては，新たな教育実習は必要ない。

[矢嶋　昭雄]

第2節　事例：東京学芸大学の選択制の教育実習

1.　選択制の教育実習の位置づけと意義

　教育職員免許法で求められている単位数とは別に，学生自身の意志で同じ校種の教育実習をさらに履修するものを，ここでは選択制の教育実習と称する。東京学芸大学を例にあげると，教員を目指している学生は，3年次に，小学校免許の取得をめざす学生は附属小学校，中学校・高等学校の免許の取得をめざす学生は附属中学校，附属高等学校，附属中等教育学校のいずれかで実習を行い，教員免許資格取得に要する単位を履修しなければならない。4年次には所属する課程によって，教育委員会の仲介による公立学校や，学生本人が開拓した母校等を中心に，附属学校以外の小学校，中学校，高等学校等で教育実習を行う。教員志望が強く，履修状況がある一定以上の水準に達している学生が対象となる。

　選択制教育実習は教職志望の学生が，さらに学校現場での経験を重ね，教職課程で学んだことを繰り返し実践することができる場である。必修実習ではどうしても教科指導が中心になりがちだが，選択制実習では教科指導はもとより，学級指導，学校行事，部活動指導など，教員としての多様な役割を体験する機会が比較的多く，さらに教科指導力を高め，生徒理解を深め，学校組織の維持・運営の課題を認識することができる。また，学校教育について主体的・多面的に学ぶことにもなり，単なる「教員の仕事の見習い訓練」をする場ではないことを認識したい。

　この教育実習を通じて，教員としての適性を自己評価したり，教職を志望していくうえでの課題をつかんだりすることが極めて重要である。大学在学中の無資格の身で，授業をそっくり担当する機会を与えられるなど，専門職

と同等の経験ができる「現場実習」は他の職業では考えられない貴重なものである。そのような意味からも，責任の重大さを自覚するとともに，社会のさまざまな分野に共通する職務を経験することができるインターンシップと捉えて努力することも必要である。

　選択制教育実習の基本的なねらいは必修の教育実習と同様あると考えてよいが，すでに教育実習を経験していることを踏まえれば，大学と学校現場の往還を通して学んできたことをさらに生かすという点で，より深い学びが期待されている。そのためには，必修実習の成果を確認し，課題を整理することが必要である。

2. 必修の教育実習と選択制実習のポイント

(1) 必修の教育実習

　附属学校等における必修の教育実習では，以下の3点が重要である。

① 教職への自覚をもつ

　これまで，大学ではさまざまな理論を学んでいる。模擬授業を行っている学生もいるが，あくまでも相手は児童・生徒に見立てた学生である。授業観察を経験している場合もあるが，生徒に対して指導者として関わったわけではない。このように考えてみると，教育実習は初めて生身の児童・生徒と向き合う場であるといえる。学校現場で教育実践に向き合うことで，実感を伴いながら教職へ向かう自覚をもつことが大切である。

② 授業づくりの基礎を身につける

　教員には多様な資質・能力が求められるが，職務の柱のひとつに授業づくりがある。児童・生徒が一日の大半を過ごすのは授業の時間であり，授業を充実させることが，さまざまな指導の充実につながる。特に，中学校，高等学校では，教科担当が決まっており，個々の教員が期待される教科の専門的な資質・能力はきわめて大きい。

③ 自身の課題を認識する

　最初の実習では，学校現場に慣れていないため，思ったように実践することができず，失敗を繰り返してしまうことも多い。わずかな期間の実習では，

うまくいかないことの方が多いのは当然であり，自身の課題を認識することも，教育実習の成果としての重要な点である。大学にもどってからの学びや，選択制教育実習に生かすことができる。

(2) 選択制の教育実習

選択制の実習では，以下の4点が重要である。

① 主体的な課題設定

すでに教育実習で学校現場を経験しているので，少し先を見通しながら，主体的に課題を設定し，より深めていくことができるはずである。最初の実習でうまくいった点について，さらに改善するにはどうしたらよいかを考え，うまくいかなかった点については，具体的な改善策を検討したい。

ただし，最初の実習とは学校の環境や児童・生徒の実態も大きく異なるはずなので，思い込みを排し，柔軟に対応していくことも大切にしたい。

② 共通性と多様性の理解

最初の実習校の印象は強く，よくも悪くも，教員になってからの学校教育の見方や考え方に大きな影響を与える。知らず知らずのうちに，学校とはこういうものだ，児童・生徒というものはこういうものだ，と決めつけてしまっている場合もある。

しかし，学校が置かれた状況や児童・生徒の状況は個々の学校によって千差万別で，1校だけの経験で学校現場のイメージを固定的に捉えるべきではない。できるだけ多くの現場を経験する中で，自身の教育観を構築していきたい。特に，中学校と高等学校の免許を両方取得することを目指している場合，必修実習と選択実習で異なる校種に取り組むのもひとつの選択である。

一方，学校現場が異なっても，本質的に大切にしなければならないことも見えてくる。こうした点も見逃せないところである。

③ 現場の多様な課題の認識

多様な学校を経験することは，現場が抱えているさまざまな課題を認識することにつながる。国立の教員養成大学の学生にとっては，附属校と協力校の実態は大きく異なることが多く，それぞれの学校が抱えている課題がある。

　母校に実習に行く場合も，さまざまな発見がある。在学中は児童・生徒目線でのみ学校を見ていたと思われるが，教育実習では教員目線でも母校を捉えることができる。自分が見ていた世界がほんの一部であったことや児童・生徒の成功体験の裏には，教員の有形，無形の指導，支援があったことに気づく。こうした発見も，教職を考えるよい材料となる。

④ やりがいと覚悟

　二度目の実習は，最初の実習よりも視野が広がり，児童・生徒とのかかわりもより深まっていくことが多い。国立の教員養成大学の学生にとっては，実習生慣れした附属学校の児童・生徒とは異なる児童・生徒に触れることで，新たな発見もある。学生によっては，自分が就職を考えている地域や校種を想定しながら実習先を選んでいる学生もいる。こうした環境の中，児童・生徒とかかわることで新たなやりがいが生まれ，同時に教員として働く覚悟も生まれることだろう。

3.　選択制とすることへの賛否

　教員になるにあたっては，より多くの経験を積ませた方がよいのだから，選択制とせず，協力校における実習も必修にした方がよいのではないか，という根強い声がある。一方で，教育実習の履修が卒業要件になっている場合，教職志望が弱い学生や，さまざまな課題を抱える学生について，本人の意志によらずに協力校にお世話にならなければならない。こうした点は，議論となるところである。少なくとも，教職希望が強い学生については，ぜひ選択制教育実習に取り組むことをすすめたい。

4.　選択制の実習における実習校の確保と手続き

　実習校を確保する方策はさまざまな方法がある。ここでは東京学芸大学の例を取り上げる。

　東京学芸大学は一般的に，小学校は大学から東京都教育委員会に依頼し，中学校，高等学校は学生自身による母校開拓を基本としている。一方，ボランティア活動などで縁があった学校や，大学の指導教員の縁のある学校など

に依頼をしている例もある。

　教育実習は母校がよいか，母校以外がよいかという点についても議論がある。多くの学生は母校を希望する。お世話になった恩師のもとで学びたい，就職を予定している地元で実習を行いたい，なつかしい母校で授業を行ってみたい，児童・生徒とは異なる立場から母校を見てみたいなど，学生が母校を希望する理由はさまざまである。その一方で，まったく縁のないところで自立して実習を行うべきであるという立場もある。教育委員会によっては母校実習を認めず，周辺の学校へ配当している例もある。

5.　選択制の実習における心構え

① 弟子入りしたつもりで指導教員の話を聴き，その意図を読み取る

　学生は教育実習を一回経験しているので，自分なりの教育観を描きつつある。その過程で，自身の価値観や考えと指導教員の方針との間にずれが生じ，対立的な状況に陥ることも考えられる。しかし，学生は教育実習しか経験していない。まだまだ視野を広げるべく学ぶ立場である。自分の価値観や考えとは異なると感じても，まずは謙虚に指導教員の話を拝聴し，その意図を読み取りながら学ぼうとする姿勢が大切である。

② 自分ならどう考えるか，どう実践するか，という視点を大切にする

　さまざまな実践を観察すると，問題点や課題に気づく。ただし，気づいただけで終わりにしてはいけない。その場合，ただ問題点や課題を指摘するだけでなく，もし自分がその立場であったらどう考えるか，どう実践するかという点を大切にしたい。そうした具体的な議論の中から新たな実践が生まれる。

③ 校務の多様性を認識し，改めて自分自身の強みと課題を考える

　1回目の教育実習では教員の仕事について授業という視点から考えることが多かったと思われるが，2回目の教育実習では，少し広い視野で教員の仕事を捉えることができるはずである。少し慣れてきたところで教員の仕事を見渡してみると，実に多様な仕事によって教員の組織が機能していることに気づく。また，特に中学校と高等学校の場合，教科指導や部活動指導などで，

一人の生徒に対して多くの教員がかかわっている。教員同士のコミュニケーションが大切であることにも気づくだろう。学校組織の中で教員として働くというのはどういうことなのか，改めて考える機会となるとよい。

6. 選択制の教育実習前の講話

　協力学校の実習では，広く社会へ出て体験するという色彩が強い。そこで，選択制の実習への意識づけを行い，自覚を促すために，大学近隣の学校の校長または校長経験者に教育実習実地指導講師をお願いし，「学校現場における今日的課題」「生徒の実態」「学校経営，学級経営」「学習，教科指導」「生活，生徒指導」「教育実習生としての心得・心構え」「教育実習の準備」「指導教諭とのコミュニケーション」「教員採用試験」などについて，講義をお願いしている。

第3節　副免許実習

　教育実習については，本来の主免許取得をめざした教育実習の他に，副免許取得をめざした教育実習を行う場合も多い。特に，小学校教員の免許取得をめざしている学生が副免許として中学校・高等学校の免許取得をめざすケースが多い。ここでは主に小学校教員の課程で学ぶ学生が副免許として中学校・高等学校の免許をとることを想定して話を進めたい。

1. 副免許の位置づけ

　一般に，小学校・中学校の教員免許（主免許）を取得するためには5単位の教育実習が必修で，そのうちの1単位は教育実習の事前事後指導にあてられている。しかし，主免許を取得することを前提に別校種の免許（副免許）の取得をめざす場合，教育実習の事前事後指導を新たに履修する必要はなく，さらに，学校現場での教育実習は2単位となる。したがって，学校現場での教育実習が一般的には3週間程度であるのに対して，副免許の教育実習では

2週間程度となる。このことは，免許取得に要する負担感という点では軽減されることになるが，教育実習を通してより多くの実践経験を積ませたいという点では，課題であるともいえる。

2. 副免許実習を行う動機と意義

　ただ多くの資格をとることだけを目的として教育実習を履修することは感心しないが，副免許の取得にはいくつかの動機が考えられる。

　小学校教員を養成する課程に所属している学生の多くは小学校の教員になることを希望しているが，小学校の教員としてかかわった児童はやがて中学校・高等学校に進学していく。そのため，中学校・高等学校の状況についての理解を深めることは，小学校の教員を志望している学生にとっても有益な経験となる。昨今は小学校と中学校の連携を進めている地域が増えており，新たな学校の枠組みとして小・中一貫の「義務教育学校」も誕生している。また，教員採用試験では小学校と中学校の両方の免許を取得していることを求めている自治体も多く，校種をまたいだ人事異動を実施しているところもある。したがって，小学校教員を養成する課程においても，副免許取得のために中学校・高等学校の教育実習を行うことは，今後も一般的な流れとなるだろう。

　また，小学校教員を養成する課程に所属する学生の中には，中学校・高等学校の教員になることを第一志望としている者も少なくない。このような学生にとっては，副免許の実習は主免許の実習と同等の意味をもつ。

　このように，学生の状況によって，副免許実習を行う動機はさまざまだが，主免許であれ，副免許であれ，教育実習に真摯に取り組むことには変わりはない。

3. 中学校・高等学校の副免許実習がめざすもの

　中学校・高等学校の副免許実習を行う学生は小学校での主免許実習を経ている。したがって，教育実習生一般に備えているべき資質・能力はある程度身につけていることが前提であり，そのために3単位が免除されているとい

える。中学校・高等学校の副免許実習でめざす課題は大きく下記の2点であ
ると考える。

> 1. 教科教育の専門性を高め，実践的な指導力の基礎を身につける。
> 2. 発達段階を踏まえながら，中学生，高校生の実態を知る。

　まず，教科教育の専門性を高め，実践的な指導力の基礎を身につけるとい
う点について考えたい。小学校の学習指導は書くことや計算をすることなど，
その後の学習の基礎となることを確実に身につけさせるとともに，日常生活
や体験をもとに，協働的な学びを大切にしながら問題解決をはかるプロセス
を重視している。中学校・高等学校の学習指導においても，探究的なプロセ
スを通して，多様な資質・能力を身につけさせていく点は変わらないが，よ
り専門的な知識や技能を習得させ，豊かな概念の形成をはかることが求めら
れている。教科教育の専門性には，教科内容に関わる専門性と教科指導に関
わる専門性の両方が含まれており，何をどのように指導するのか，という点
が問われている。

　大学によって，小学校の教員を養成する課程で，教科のピーク制をとって
いるところととっていないところがあり，個々の学生によって，教科教育へ
の温度差は比較的大きい。しばしば，副免許実習の問題点として指摘される
ところである。限られた期間なので，まずは教科教育の専門性の必要性に気
づき，自身の課題を認識することを目標としたい。主免許の学生についても，
教育実習後のさらなる研鑽は必須だが，副免許実習を経て中学校・高等学校
で教職に就く場合は，なおさらである。

　発達段階を踏まえながら，中学生・高校生の実態を知ることについて考え
てみたい。子どもから大人への過渡期にあたり，心身が劇的に変化する時期
である。大人に依存したかと思うと，過度に大人を遠ざけようとしたり，気
持ちの浮き沈みが大きかったりするなど，この年代特有の振る舞いが見られ
る。小学生に比べて，一見するととっつきにくいため，彼らとかかわること
に尻込みしている学生を見かけることがあるが，じっくりと向き合ってみる
と，生徒たちは実にいろいろなことを考えており，豊かな感性を備えている

ことや，さまざまな課題について深く考えていることに気づく。

　中学校・高等学校は教科担任制が基本であり，配属された学級に1日中かかわるということがない。小学校に比べると，配属された学級の生徒と直接かかわる時間を見つけることは難しいが，教科指導はもちろん，ホームルームの前後や，給食指導，清掃指導など，できるだけ多くの時間を見つけ，生徒の実態を把握したい。

4. 中学校・高等学校の副免許実習の課題

　中学校・高等学校の副免許実習について，主免許実習と比較したときの課題として，以下の3点をあげたい。

> 1. 問われる教科教育の専門性
> 2. 卒業後の多様な進路とモチベーションの低下
> 3. 卒業要件ではない単位（直前や実習中の辞退）

　まず，問われる教科教育の専門性については，すでに前項で述べた通りである。事前の準備が不十分で，授業を実践してみて初めて自分の専門性の不足に気づくという実習生も少なくない。こうした点を，大学の講義や事前のオリエンテーションの中で伝えていくことも課題である。小学校の教育実習を経てきているので，初めての実習よりも慣れている印象があるが，教科教育への専門性を深めておかないと，「活動あって学びなし」という状況に陥ることが少なくない。こうした点は，事前の準備で注意したいところである。

　次に，卒業後の多様な進路とモチベーションの低下について考えたい。副免許実習の履修条件として，例えば東京学芸大学では主免許の教育実習の評価がS・A・B・Cの「B」以上であること，教員採用試験を受験予定であることをあげている。教員採用試験については，校種や受験時期を限定しているわけではないが，副免許実習にのぞむための相応の質保証をはかろうとしている。それでも，エントリーをする時期と実際に実習を行う時期にはタイムラグがある。特に，副免許実習は4年次に実施する場合が多く，それぞれの学生の進路が具体的に決まりつつある。教員志望の学生が多いものの，民

間の就職が決まっている学生や，就職活動が進行している学生も存在する。個々の学生によってモチベーションに差が出る場合がある。

　最後に，副免許の取得は卒業要件に含まれていない場合が多い。すでに述べた進路にも関連するが，教職志望が低下し，民間への就職が決まった学生の中には，直前になって実習を辞退したり，実習中に中断したりするケースが出てくる。

　民間への就職が決まっている学生も含め，ほとんどの学生は主免許の実習経験を生かし，熱心に副免許実習に取り組んでいる。小学校教員志望だったが学生が，中学校と迷うようになったというエピソードも聞く。その一方で上記のような課題を抱えた学生もいる。温度差が大きい点は気がかりである。

[宮内　卓也]

● **考えてみよう！**
　▶　必修実習に加えて，選択制の教育実習を行う意義は何か。
　▶　主免許以外に副免許の取得をめざす意義にはどのような点があるか。
　▶　副免除実習が抱える問題点とその解決策は何か。

● **注**
1）一部隣接校種については，教育実習が不要の場合もある。
2）中央教育審議会「「令和の日本型学校教育」を担う教師の養成・採用・研修等の在り方について（諮問）」2021年3月12日，関係資料（2）
3）例えば，中央教育審議会「「令和の日本型学校教育」の構築を目指して―全ての子供たちの可能性を引き出す，個別最適な学びと，協働的な学びの実現―（答申）」2021年1月26日

● COLUMN ●

▶ 子どもとともに学びをつくる─2度の教育実習を経験して─

　教員になるうえで教育実習は欠かせないものである。そして学生は，教育実習を通して変化し，大きな進路選択をするように思う。筆者の教員養成課程では，学部3年時と4年時に教育実習があった。今回は教育実習で学んだことと今後の課題について述べたい。

　学部3年時は小学校2年生に配当された。初めての授業で35人の子どもたちが自分を見ていることにとても不思議な気持ちになった。今でもその光景は鮮明に覚えている。特に，図工のしゃぼんを使った造形あそびの授業は印象的だ。指導案や教材研究等，周囲の協力を得ながら授業をつくった。「子どもの意欲を最大限に引き出し，子どもが夢中になれる授業」を常に念頭に置いた。いよいよ授業の日。緊張はしたが，十分な準備をした自信もあったので楽しみだった。導入では，子どもたちから「やりたい！」「どうやるの？」という声があがる。しかし，実際に活動に入ると想定外の連続だった。教材の補充に手一杯で，子どもたちと関わることができなかったのだ。さらに悔やまれたことは，授業後に子どもたちの作品を観ると，授業内できちんと価値づけるべき作品が多かったことだ。授業はその瞬間の子どもとともにつくるものだということを学ぶ実習となった。

　学部4年時も2年生に配当された。ここでは，国語の「スイミー」の単元を一つ任された。今回も前回と同様，「子どもの意欲を最大限に引き出し，子どもが夢中になれる」ことを念頭に，「子どもとともに授業をつくること」も意識した。子どもたちの興味関心を引き出すために，単元の導入ではブックトークを行った。各授業の導入では，黒板いっぱいに場面絵を貼った。授業前，子どもたちは「早くスイミーやりたい！」と言いながら席についていることもあり，一つめの目標は達成されたようだった。一方，子どもとともに授業をつくることには，またしても課題が残った。決められた時間の中で終わらせなければならないという意識が強く，結局，こちらの都合で学習が進んだ。単元という大きなまとまりの中で，子どもが考えたいことを取り入れ，単元計画を見直しながら進めていれば，子どもにとってもっと楽しく，おもしろい「スイミー」になったのではないかと思う。

　2度の教育実習を通して，どのように子どもの意欲を最大限に引き出し，子どもとともに授業をつくっていけるのか，ということが自分の課題となった。教員になるまでも，なってからも，子どもを中心とした授業のあり方を探っていきたい。

［中野区立美鳩小学校・仲村　千春］

▶ 広くて深い教材研究と子ども理解―副免許実習を経験して―

　副免許教育実習では，中学校の社会科の授業を実施した。小学校の実習とは違い授業は2本，2クラスで同じ授業をしたので，4回しかなかった。しかし，2本の授業のために，教材研究は丸々1か月かかった。

　中学校の授業は，小学校と比べて，1時間の学習内容が高度かつとても多い。資料や発問は，精選に精選を重ねなければ，50分で授業が終わらない。

　「室町時代の民衆の姿を理解する」という目標で授業を考えた。当初「なぜ室町時代の農民は，徳政一揆を起こしたのだろうか」という主発問で授業を想定していた。実習の仲間と検討を重ねていくうちに，この発問では資料を読み取っていくだけになってしまい，子どもに考える余地がないということがわかった。そこで主発問を「興福寺の僧が徳政一揆について『亡国の原因としてこれ以上のものはない』と評価したことについて，賛成か，反対か」というものにした。討論を通して，自然と資料を読み，当時の農民の様子を思い描くことができると考えた。

　高校の教科書や歴史史料集，参考文献を何冊も読み，当日の授業では，10の資料を付けたワークシートを用意した。今考えれば多いと思うが，賛成の立場でも反対の立場でも多様な意見が出るようにと考えた。

　賛成の立場の子どもからは「国のトップ（幕府）の力が弱まるとその国は危なくなる（だから徳政一揆は亡国の原因）」，反対の立場の子どもからは「この時代は自力救済の考え方が広まって，横のつながりが強くなった。だから幕府が倒れても，横の結びつきで国は保たれる（だから徳政一揆は亡国の原因ではない）」などの意見が出された。討論の終盤では，T君が「幕府も徳政令を出さなきゃいけなくなった原因がある。農民だけが悪者ということではない」と，さまざまな意見を受けて，自分の考えをまとめていく姿が見られた。

　賛否の議論の対立点が見えず，深まりどころがなかったところが課題だ。中学生にとって，挙手をして発言することは，小学生に比べ，ハードルが高い。机間指導の中で，子どもの意見を把握し，適切な場面で生かしていくことが討論の授業では大切だと感じた。

　小学校の実習では見えなかった，教材研究の広さと深さ，授業というライブの中で実態把握をする大切さを学んだ実習であった。

[台東区立忍岡小学校・蜂谷 大輔]

第11章

教職大学院における実習

● 本章のねらい ●

　教職大学院における実習について，目的・意義，正確，特徴について，学部段階の教育実習と比較したり，具体的な事例を検討したりしながら，理解を深める。

第1節　はじめに──教職大学院とは

　教職大学院は，実践的指導力を備えた教員を養成する専門職大学院である。2008（平成20）年度より設置が認められ，国立15，私立4の計19の教職大学院が設立された。背景には，高度化・複雑化した社会の中で，これまで以上に高度で専門的な職業能力を備えた人材が求められるようになったということがある。教員養成においても，子どもの学力および体力の育成，教育の情報化，いじめ等の問題行動，不登校，特別支援教育等など複雑化・多様化する諸課題に貢献できる人材を輩出することに比重がかかるようになってきている。このことについて，文部科学省のホームページには「教員養成教育の改善・充実を図るべく，高度専門職業人養成としての教員養成に特化した専門職大学院としての枠組み，すなわち「教職大学院」制度が創設された」と示されている[1]。なお，その後，各地区での設置が進み，2020（令和2）年

度末の時点で，国立47，私立7の計54の教職大学院がある。

　このような経緯で設立された教職大学院については，修了要件として45単位以上の修得が課せられており，45単位のうち10単位以上を学校における実習を行うこととなっている。そのため，教育職員免許法に規定された免許取得のための教育実習とは，その位置づけが異なる。以下，教職大学院における実習について述べることにする。

第2節　教職大学院の実習の概要

1. 教職大学院の実習とは

(1) 教職大学院の設置基準および中教審答申

　教職大学院設置基準第29条では，「教職大学院の課程の修了の要件は，(中略)，四十五単位以上(高度の専門的な能力及び優れた資質を有する教員に係る実践的な能力を培うことを目的として小学校等その他の関係機関で行う実習に係る十単位以上を含む。)を修得することとする」と，教職大学院における実習についての定めがある。2006(平成18年)年の中央教育審議会答申「今後の教員養成・免許制度の在り方について」では，「学部段階における教育実習をさらに充実・発展し，特に実践的な指導力の強化を図る観点から，10単位以上の学校における実習を含める」とされている。

　また，教職大学院では，共通的に開設すべき授業科目の領域として，以下の5つの領域(以下，5領域)を定めている。

　教職大学院の実習は，この5領域に基づいた内容を行っている。

領域①　教育課程の編成・実施に関する領域
領域②　教科等の実践的な指導方法に関する領域
領域③　生徒指導，教育相談に関する領域
領域④　学級経営，学校経営に関する領域
領域⑤　学校教育と教員の在り方に関する領域

---

(2) 教職大学院の実習の目的

　そもそも学部段階の教育実習は「理論と実践の往還」を実現する場である。このことは，教職大学院の実習においても変わりはない。したがって，教育実習よりもさらに「理論と実践の往還」を充実・発展していくことが，教職大学院の実習の目的となる。

　では，教職大学院の実習において「理論と実践の往還」をより充実・発展させていくためには，どのような視点が必要だろうか。ここでは，以下の二つの視点から，実習の性格を見ていこう。

①「職務遂行における専門職」としての実務研修的性格

　教育実習は，授業観察や研究授業等に代表されるように，「授業」が実習の中心課題となることが多い。しかし，教職にとって必要なことは「授業」だけではない。また，自らの専門とする教科または教育課題についての知識・技能だけでは，現実的な教職としての職務遂行は不可能である。実際に，教育実習のみの現場経験で教職に就いた者が，任用された初年度に実務面における適応が難しいといった課題があがることも多い。

　教職大学院の実習は，5領域に基づいた総合的な実務実習という特徴をもつ。5領域は，広く教職に関わる実務全般に基づいているため，これらについて「理論と実践の往還」を進めることで，学校における実務面の力量形成を図ることが可能となる。教職大学院を修了し，教職に就いた際には，初年度より円滑に職務遂行を行うことが期待できる。

②「学びにおける専門職」としての研究的実践的性格

　これは教職としての人生において「学びつづける教師」であることと関連する。教職大学院は学校現場と，リアルタイムで相互に関連できるようなカリキュラム構成になっている。教職大学院における共通科目や選択科目の授業，課題研究と実習は同時並行して進められるため，学校現場の文脈に即しながら，自らの学びを進めることができるようになっているのである。

　この教職大学院のカリキュラムで得た課題解決の手法は，今後の教職人生における学び方の土台となる。教職は，仮説を立てて，検証して，実践に反映させることの繰り返しの営みともいえる。例えば，授業づくりを考えてみ

ても，教科のねらいや子どもたちの実態を分析したうえで仮説を立て，先行研究を調査し，指導と評価を一体化させながら授業改善を図る一連の流れは，教職大学院で得た課題解決の手法と一致するところが多い。

「理論と実践の往還」を意識した学びのセンスを育てていくことが，「学びにおける専門職」につながってくるだろう。

2．教育実習との比較から

次に，教職大学院の実習について，学部段階の教育実習と比較することで，具体的にどのような違いがあるのかを見ていこう。

(1) 教員免許の有無

学部段階の教育実習は，教員免許保持者ではない実習である。したがって「教員免許取得のための実習」という色合いが強くなるのは否めない。そのため，実習時に授業実践を行う際にも，指導教員等の立ち合いのもとで，指導を受けながら授業を行わなければならないという制約がある。

一方，教職大学院の実習は，基本的に教員免許保持者による実習である。教員免許保持者であるため，教育実習のような授業時の制約がなく，実習生単独で授業を行うことも可能である。

(2) 学校運営への参画

教育実習では，教職に最低限必要な業務の体験に重点をおいて取り組むことになる。具体的にいえば，子どもたちと直接接することや，授業観察，授業実践，研究授業を中心に行うことになる。学校運営に携わることまでは，時間的にも難しい。

一方，教職大学院の実習は，5領域に基づいた総合的な実務実習という特徴をもつため，円滑に職務遂行が可能なレベルまで高めることが求められる。実習では，授業に関することだけでなく，学級経営，特別活動や校務分掌の一端を担うこととなる。

(3) 教職へのステップ

　教育実習は，本来的には「教職に就きたい」と希望をもっている学生が行うものである。しかし，自分自身の教員としての適性や能力を確かめる場として，実習後に改めて教職の道を選択するのか否かを検討するための場として機能している一面もある。教育実習を経験した後に，教職への道を進むことを決意した者が，教員採用試験を受験するというステップの一部になっていることが現実的には多い。

　一方，教職大学院生は，そのほとんどが教員採用試験合格者や受験予定者であるため「教職に就くことを前提とした実習」という色合いが強い。教育実習をすでに経験し，教職への適性があると自己理解している者による実習ということになる。

(4) 社会人としての態度・姿勢

　教育実習では，まだ社会人としての自覚に乏しい実習生の姿を見ることがある。特に問題となるのは，遅刻，挨拶・言葉遣い・礼儀・服装などの乱れ，実習生同士が大声で騒ぐなどの行為である。これらは，実習生本人への指導の対象となるだけでなく，大学に対しての不信感にもつながる。そのため，事前指導においてもこれらの事項についての指導に時間が割かれる。

　教職大学院においては，このような態度面の指導は，必要最小限で行われている。態度・姿勢について指導の対象となる事案は稀である。

(5) 実習校の選定について

　教育実習では，附属学校や，近隣の学校を実習校としたり，開放制の大学では学生の母校を実習校としたりしている。附属学校や母校実習では，実習生と実習校の関係が円滑に進むというメリットがある。

　教職大学院の実習は，地域の教育委員会と連携し，実習校を確保している。そのため，実習生としては，足を踏み入れることすら初めての学校で実習する場合がほとんどである。これは，5領域の「①教育課程の編成・実施に関する領域」の視点で見れば，その学校の教育課程の特色を主体的に学んでい

く動機につながっていく。

3. 実習校（連携協力校）との連携

　教職大学院の実習校は，附属学校以外の一般校の中から実習校を設定する
ことが適当とされている。このような実習校を，「連携協力校」という位置
づけにしている。

　実習校との連携においては，実習生と実習校がWin-Winの関係を構築し
ていくことがポイントである。具体的には，以下のような視点が考えられる。

(1)「多様な教育ニーズ」に応えるための教員養成

　今日の学校現場は，学力の向上，教育課題への対応，生徒指導，特別な
ニーズのある子どもへの対応等，「多様な教育ニーズ」への対応が期待され
ている。教職大学院において，5領域に基づいた総合的な実務実習という視
点で，広く学校教育全般に関わる職務全体について，実務を通して体験的に
学ぶことが求められるのも，学校に期待されている「多様な教育ニーズ」に
応えるための教員養成が，今日的な課題であるという背景がある。

　学校に期待されている「多様な教育ニーズ」に応えるための教員養成とい
う視点では，教職大学院生に幅広く学校における業務に精通できるジェネラ
リスト的な感覚を育てることと，「より個別のニーズ」である専門とする教
科教育や教育課題等を学校現場で深めていくことのできるスペシャリスト的
な側面の双方が必要であろう。それが，教職専門実習の目的として掲げられ
ている「実務研修的性格」「研究的実践的性格」ということである（増田
2020）。

(2) マンパワーとしての側面

　教職大学院の実習においては，実習校側としても，実習生をいわゆる「マ
ンパワー」として期待している面もある。それは，学校の多忙化や人手不足
の改善のために，業務の一端を実習生に担わせるという狭義の意味での「マ
ンパワー」に留まらない。例えば，教職大学院生は，実習校で配属されてい

る初任者教員と同年代であることが多いため，初任者教員の育成において教
職大学院生の存在が大きく影響するという声を，実習校の校長からよく聞く。
若手教員が増加している学校現場において，若手教員の育成は喫緊の課題で
もあり，そこに実習生の存在が刺激となり，双方にとって好影響を与え合う
関係性が構築されることがある。つまり，実習生の存在そのものが「マンパ
ワー」として機能することも十分考えられるのである。

(3) 実習校の課題解決への寄与

　実習生の存在は，実習校の課題解決に寄与する場合もある。例えば，実習
校が行う校内研究と，実習生が行う課題研究を一体化することにより，双方
の研究の充実が図られるだろう。また，実習校が抱えるさまざまな課題にお
いて，実習生と指導教員がその解決に向けて，一緒に取り組んだりすること
も考えられる。

(4) 実習校の「教員」の一人として

　実習生によっては，実習校で非常勤講師等の職を得ることもある。もちろ
ん，実習と非常勤講師では学校への関わり方が異なる。さまざまな面で，自
分の立場を使い分けることが求められるだろう。
　このような場合でも，領域⑤「学校教育と教員の在り方に関する領域」の
視点をもつことによって，どのように学校が成り立っているかという省察に
つなげることができる。

第3節　教職大学院の実習の実際

　本節では，実際に教職大学院での実習を経験した者たちのインタビューか
ら，それぞれの校種での実習の実際について見ていくことにする。なお，イ
ンタビューについては，要旨を損なわない程度に，語りの一部を修正してい
る。

1.　幼稚園・こども園

【＊区立＊子ども園にて実習を行ったＡさん】

> 　私は，4歳児クラスでの実習を行いました。外遊び，簡単なゲーム，手遊びなどを子どもたちと行いました。また，子どもが帰った後には，園内研に参加することもできました。
> 　実習で難しかったことは，課題研究と実習の両立です。これには，自分がどのような研究をしたいのかを，園の先生方にしっかり言葉で伝えることが必要だと感じました。

　課題研究の内容を学校（園）で実現するためのポイントは，まず自身が行いたいと考えているテーマが，その学校（園）で実現可能なものかどうかを検討することである。実現可能性を探っていくことは，課題研究の内容をよりブラッシュアップしていくことにもつながることが多い。

2.　小学校

【＊市立＊小学校で実習を行ったＢさん】

> 　私は，教職大学院では，国語科の研究を行っています。実習では，国語科の授業の一単元をすべて担当させていただきました。
> 　授業以外での子どもたちとのかかわりとしては，委員会の活動に参加させていただいたり，本の読み聞かせを全学年対象に行わせていただいたりしました。

　小学校では，全科の授業実践を行う場合もあれば，Ｂさんのように専門とする教科の授業実践や，読み聞かせのような関連する活動を中心に行う場合もあるだろう。これは，領域②「教科等の実践的な指導方法に関する領域」である。一単元すべてを担当させてもらえる場合は，指導計画の作成も行うこととなるため，より領域②の内容を深めていくこととなる。

【＊市立＊小学校で養護教諭としての実習を行ったＣさん】

> 　養護教諭としての実習では，保健室業務を中心に行いました。保健室の掲示

物の作成や，保健室に来室する児童の対応，水質検査や校内の安全点検等の環境衛生検査を実習しました。
　子どもの様子について，担任の先生との情報交換する際の，関係づくりの難しさを実感しました。

　領域④「学級経営，学校経営に関する領域」について，養護教諭の場合は「保健室経営」と読み替えて実施することとなる。
　チーム学校として，学級担任と養護教諭が，子どものために情報共有を進めたり，協力体制を強化したりすることが求められている。しかし，その関係性の構築は一朝一夕になされるものではない。そのことを省察できている点が，まさに教職大学院の実習としてのリアリティである。

3．中学校
【＊市立＊中学校で理科の教員としての実習を行った D さん】

　理科の授業は，通常の学級で週 4 時間，特別支援学級で週 1 時間を担当しました。
　校務分掌では「特別支援委員会」に所属し，校内研修の補助業務，ケース会議に参加することなどを行いました。

　特別支援教育に関する内容は，領域③「生徒指導，教育相談に関する領域」に含まれる。特別支援学級での授業の経験や，校務分掌としての「特別支援委員会」への参加によって，特別な支援を必要とする生徒への組織的な対応について学ぶことができる。

【＊区立＊中学校で英語科の教員としての実習を行った E さん】

　部活動はソフトテニス部を担当しました。自分自身は硬式テニスの経験がありましたが，ソフトテニスは初めての経験でした。生徒が，「一緒に打とうよ」と声をかけてきてくれたのがうれしかったです。ソフトテニス部の顧問の先生から「ちゃんと参加している子を打たせてあげる」といったような，部活を行ううえでの心構えを教わるなど，教師が部活動をどのように捉えていくかが勉

強になりました。校務分掌でもそうですが，「先生って，生徒のことをこう見ているんだ」ということがわかりました。

　部活動の指導そのものについて，5 領域に該当するものはない。しかし，E さんのように，「教師として部活動にどのように関わっていくか」という課題意識をもつことは，領域⑤「学校教育と教員の在り方に関する領域」に該当する。つまり，「何を行ったか」ではなく「何を学んだか」という視点が，教職大学院の実習では大切である。そのための省察である。

4. 高等学校
【＊立＊高等学校で美術科の教員としての実習を行った F さん】

　美術科の授業を週1回担当した。授業は，自分自身でオリジナルの題材を考えました。生徒の実技レベルがとても高い学校なので，生徒に物足りないと思われないような授業を考えました。
　学校行事への関わりとして，文化祭の業務を担当しました。準備段階で印刷物などの作成に携わりました。学校運営に関わることは，教育実習ではほとんどなかったので，とても勉強になりました。

　高等学校での実習は，その学校の特徴や特色によって，実習する内容の比重が異なってくる。このケースでは，授業づくりが，学校の教育課程や生徒理解に基づいたうえでなされることが，体験的に理解できたと考えられる。つまり，領域①「教育課程の編成・実施に関する領域」と領域②「教科等の実践的な指導方法に関する領域」が統合された実習内容であるといえる。

【私立＊高等学校で社会科の教員としての実習を行った G さん】

　高校1年生の世界史を3クラス，15 時間担当しました。また，高校2年生の1クラスのホームルームも担当しました。生徒の将来の相談に乗ったり，人間関係が上手く築けない生徒にかかわったり，一人ひとりの生徒と向き合う時間を多くとれました。
　実習校では，夏休みの海外留学やスタディツアーを，一般の会社に委託しています。その会議に参加したり，避難訓練前の危機管理のミーティングに参加

したりしました。授業中心ではなく，学校運営の部分を学べたのは大きいと感じています。

公立学校と私立学校では，学校運営の進め方も異なることもある。しかし，領域①「教育課程の編成・実施に関する領域」および，領域⑤「学校教育と教員の在り方に関する領域」の視点で見ていくと，教育課程を学校の実態に応じて円滑に進めるための取り組みとしては，どの学校でも同じことが求められていると理解できるだろう。これら 5 領域について教職大学院で学んだ理論を，いかに学校の実態に応じて，具体的に理解していくかがポイントである。

5. 特別支援学校
【＊立＊特別支援学校小学部で実習を行った H さん】

知的障害の特別支援学校で小学校 4 年生を担当しました。朝は，教職員による一日の体制についての話し合いから，スクールバスへのお迎え，着替えの指導など，基本的には，教員と同じ動きをとりました。
授業は，ティーム・ティーチングによる指導であるため，メインティーチャーとサブティーチャーの両方を体験できました。

特別支援学校では，ティーム・ティーチングの指導が基本である。これは，領域②「教科等の実践的な指導方法に関する領域」および，領域④「学級経営，学校経営に関する領域」に該当し，これこそまさに特別支援学校教員にとっての専門性につながる視点である。

第 4 節　現職院生の実習

1. 現職院生の実習の目的
この節では，現職教員を続けながら教職大学院で学ぶ院生または，教員としてのキャリアが一定の期間以上ある院生（以後，「現職」と呼ぶ）の実習について見ていく。

現職の実習の在り方としては，5 領域に基づきながら，現職自身の課題意

識を明らかにしたうえで，その課題の解決に向けて，自分自身で必要と思われるフィールドを開拓し，学んでいくことが求められる。つまり，「オーダーメイド型の実習」であるともいえる。

「職務遂行のための専門職」としての視点では，これまでの経験を踏まえたうえで，「理論と実践の往還」を実現し，さらに新たな知見を求めること。「学びにおける専門職」としての視点では，「教わる」という姿勢ではなく，「自ら学ぶ」という専門職としての教師像が求められている。

2. 実習の具体的な事例

【課題研究と関連させた実習の例】

「学校における組織開発を促進するミドルリーダーシップに関する研究」を課題研究として取り組んでいた小学校教員の現職は，現任校，所属自治体の学校，他自治体の学校，私立学校，教育委員会，学会等をバランスよく組み合わせて既定の時間を満たすように実習を行った。修了後は，教育委員会事務局にて指導主事職に就いている。

【幅広く教科の知見を求めた実習の例】

家庭科教育を専門に研究している小学校教員の現職は，大学や所属自治体周辺の学校だけでは家庭科教育の専門性の高い学校が限られているため，地方の大学附属校など，日本各地での複数の公開研究会等に赴き，専門性の向上を図る実習を行った。修了後は，現任校にて指導的な立場の教員として活躍している。

[増田　謙太郎]

● 考えてみよう！
- ▶ 教職大学院の実習は，学部段階の教育実習に比べてどこが異なるだろうか。
- ▶ 実習校との連携のポイントには，どのような視点が考えられるだろうか。

● 注

　1）文部科学省ホームページ「教職大学院」（https://www.mext.go.jp/a_menu/koutou/
　kyoushoku/kyoushoku.htm，2020 年 11 月 27 日閲覧）

● 引用・参考文献

石井英真（2014）「教員養成の高度化と教委の専門職像の再検討」『日本教師教育学
　会年報』23 号
高野和子・岩田康之編（2010）『教師教育テキストシリーズ 15　教育実習』学文社
増田謙太郎（2020）「教員養成の高度化に伴う多様なニーズを保障する実践的研究
　―総合型の教職大学院における「教職専門実習」の展望と課題―」『東京学芸大
　学教職大学院年報』第 8 集：23-32

索　引

教師のための教育学シリーズ
刊行にあたって

　学校教育の第一線を担っている教師たちは，現在，数々の大きな課題に直面しています。いじめ，不登校などの解決困難な教育課題への対応，主体的・協働的な学びへの期待，特別支援教育の充実，小学校外国語活動・英語の導入，道徳の教科化，ICT の活用などの新たな教育課題への対応，「チーム学校」への組織改革，保護者や地域住民との新しい協働関係の構築など課題が山積しています。

　本シリーズは，このような現代的な教育課題に対応できる専門性と指導力を備えた教師を育成するため，教職に関する理解を深めるとともに，その基盤となる教育学等の理論的知見を提供することを狙いとして企画されたものです。教師を目指す教職課程の学部生，大学院生，社会人などを主な対象としておりますが，単なる概説や基礎理論だけでなく，現代的な課題，発展的・専門的内容，最新の理論も取り込み，理論と実践の往還を図り，基礎から発展，応用への橋渡しを図ることを意図しています。

　本シリーズは，幼稚園，小学校，中学校，高等学校，特別支援学校など幅広く教員養成を行い，修士課程，教職大学院，博士課程を擁するわが国最大規模の教育研究機関であり，教育学研究の中核を担っている東京学芸大学の研究者教員により編まれました。教員有志により編集委員会をたちあげ，メンバーがそれぞれ各巻の編者となり，長期にわたり企画・編纂してまいりました。そして，本シリーズの趣旨に賛同いただいた学内外の気鋭の研究者の参画をえて，編者と執筆者が何度も議論を重ねながら一丸となってつくりあげたものです。

　優れた実践的指導力を備えた教師を目指す方々，教育学を深く学びたいと願う方々の期待に応え，わが国の教師教育の在り方において重要な道筋を示すものとなることを心から願っております。

　　　　「教師のための教育学シリーズ編集委員会」を代表して　佐々木 幸寿

【監修】教師のための教育学シリーズ編集委員会

【編者】

櫻井　眞治（さくらい　しんじ）
　東京学芸大学次世代教育研究センター教授
　東京学芸大学大学院教育学研究科（修士課程）修了。修士（教育学）。
　名古屋市公立小学校教諭，東京都公立小学校教諭，東京学芸大学附属
　竹早小学校教諭・附属世田谷小学校教諭を経て現職。
　（専攻）教育方法学，授業研究
　（主要著作）「子どもの姿から次の授業を構想する授業研究—前時，本
　時，次時の参観と協議を通して—」（『日本教師教育学会年報』15号，
　2006），「『個のよさが生きる授業』についての一考察」（『個性化教育
　研究』第6号，2014）『公民的資質とは何か』（分担執筆，東洋館出版社，
　2016）ほか

矢嶋　昭雄（やじま　あきお）
　東京学芸大学教職大学院教授
　東京学芸大学大学院教育学研究科（修士課程）修了。教育学修士。
　東京都立高等学校教諭，東京学芸大学附属世田谷中学校教諭，東京学
　芸大学教育実践研究支援センター准教授，同教授を経て現職。
　（専攻）数学教育，教員養成・教師教育
　（主要著作）『中学校・高等学校数学科　授業力を育む教育実習』（分
　担執筆，東京学芸大学出版会，2018），「教育実習における学生のメン
　タルヘルス支援に関する考察—アスペルガー症候群の学生についての
　事例研究—」（『学校教育研究』第28号，2013）ほか

宮内　卓也（みやうち　たくや）
　東京学芸大学次世代教育研究センター教授
　東京都生まれ。2012年，東京学芸大学大学院教育学研究科（修士課
　程）修了。修士（教育学）。東京都公立中学校教諭，東京学芸大学附
　属世田谷中学校教諭，東京学芸大学附属世田谷中学校主幹教諭，東京
　学芸大学准教授を経て現職。
　（専攻）理科教育学
　（主要著作）『中学校理科授業アップデート』（明治図書，2021），『中
　学校新学習指導要領理科の授業づくり』（明治図書，2018）ほか

教師のための教育学シリーズ12
教育実習論

2022年3月30日　第一版第一刷発行

編　者　　櫻井　眞治
　　　　　矢嶋　昭雄
　　　　　宮内　卓也

発行者　　田中　千津子

発行所　　株式会社 学 文 社

〒153-0064　東京都目黒区下目黒3-6-1
電話　03（3715）1501 ㈹
FAX　03（3715）2012
https://www.gakubunsha.com

印刷　新灯印刷

ISBN 978-4-7620-2622-5